W0237375

UTB

UTB 3030

Eine Arbeitsgemeinschaft der Verlage

Böhlau Verlag · Köln · Weimar · Wien
Verlag Barbara Budrich · Opladen · Farmington Hills
facultas.wuv · Wien
Wilhelm Fink · München
A. Francke Verlag · Tübingen und Basel
Haupt Verlag · Bern · Stuttgart · Wien
Julius Klinkhardt Verlagsbuchhandlung · Bad Heilbrunn
Lucius & Lucius Verlagsgesellschaft · Stuttgart
Mohr Siebeck · Tübingen
C. F. Müller Verlag · Heidelberg
Orell Füssli Verlag · Zürich
Verlag Recht und Wirtschaft · Frankfurt am Main
Ernst Reinhardt Verlag · München · Basel
Ferdinand Schöningh · Paderborn · München · Wien · Zürich
Eugen Ulmer Verlag · Stuttgart
UVK Verlagsgesellschaft · Konstanz
Vandenhoeck & Ruprecht · Göttingen
vdf Hochschulverlag AG an der ETH Zürich

UTB Profile

Ulrich Kittstein

Bertolt Brecht

Wilhelm Fink

Der Autor: Ulrich Kittstein, geb. 1973, studierte Germanistik und Geschichte an der Universität Trier. Gegenwärtig ist er Wissenschaftlicher Assistent und Privatdozent am Germanistischen Seminar der Universität Mannheim.

Bibliografische Information der Deutschen Nationalbibliothek.

Die Deutsche Nationalbibliothek verzeichnet diese Publikation in der Deutschen Nationalbibliografie; detailliertere bibliografische Daten sind im Internet über http: //dnb.d-nb.de abrufbar.

Wilhelm Fink GmbH & Co. Verlags-KG, Jühenplatz 1–3, 33098 Paderborn
ISBN: 978-3-7705-4568-1

Printed in Germany
Satz: Ruhrstadt Medien, Castrop-Rauxel
Layout & Einbandgestaltung: Alexandra Brand auf Grundlage der UTB-Reihengestaltung von Atelier Reichert, Stuttgart
Herstellung: Ferdinand Schöningh GmbH, Paderborn

UTB-Bestellnummer: ISBN 978-3-8252-3030-2

Inhalt

Einführung

Bertolt Brecht (1898–1956) war einer der wichtigsten und vielseitigsten deutschsprachigen Autoren des 20. Jahrhunderts. Er übte großen Einfluss auf zahlreiche Schriftsteller späterer Generationen aus und zählt bis heute zu den meistgespielten Dramatikern der Welt. Freilich war er lange Zeit auch außerordentlich umstritten – in der Bundesrepublik wegen seiner Parteinahme für den Sozialismus und für die DDR, aber ebenso im Osten, wo sich sein Werk schlecht mit dem offiziell verordneten Leitbild des ›sozialistischen Realismus‹ in der Kunst vereinbaren ließ. So bewährte sich Brecht noch Jahre nach seinem Tod als ein höchst unbequemer Autor. Spätestens mit der deutschen Wiedervereinigung haben die Auseinandersetzungen um seine Person und seine Texte allerdings viel von ihrer Schärfe eingebüßt. Die inzwischen gewonnene Distanz dürfte eine unbefangene Betrachtung und Würdigung des Brechtschen Werks erleichtern.

Das vorliegende Büchlein will zwar einen Überblick über Brechts gesamtes literarisches Schaffen geben, kann die umfangreiche Materie aber nicht in allen Bereichen gleichmäßig ausführlich behandeln. Es konzentriert sich auf jene Teile des Werkes, die am stärksten gewirkt haben und auch in der wissenschaftlichen Forschung intensiv behandelt worden sind. Im Mittelpunkt steht deshalb der Stückeschreiber Brecht, während die Partien zur Lyrik und zur erzählenden Prosa kürzer ausfallen. Besondere Aufmerksamkeit gilt jenen Texten, die in Schule und Studium häufig gelesen werden, also den vier großen Exildramen *Leben des Galilei*, *Mutter Courage und ihre Kinder*, *Der gute Mensch von Sezuan* und *Der kaukasische Kreidekreis*; das Lyrikkapitel legt seinen Schwerpunkt auf die Gedichte aus den Jahren der Emigration. Ein eigener Abschnitt befasst sich mit der Theorie des epischen Theaters, die Brecht in engem Zusammenhang mit seiner eigenen Theaterpraxis entwickelt hat. Vorangestellt ist den werkbezogenen Kapiteln ein biographischer Abriss. Brechts Lebensweg war in hohem Maße von den historischen Entwicklungen und Krisen zwischen der Endphase des deutschen Kaiserreichs und den Anfängen des Kalten Krieges bestimmt, und sein literarisches Werk stellt in weiten Teilen eine Auseinandersetzung mit diesen Entwicklungen dar, einen Versuch, mit künstlerischen Mitteln insbesondere die katastrophalen Ereignisse der jüngeren deutschen Geschichte zu analysieren, ihre politischen und gesellschaftlichen Ursachen aufzudecken und die Voraussetzungen für eine bessere Zukunft zu erkunden. Ohne

Kenntnis des Zeithintergrunds und ihres Entstehungskontexts müssten daher viele Arbeiten Brechts unverständlich bleiben.

Obwohl das Gesamtwerk dieses Autors ungemein facettenreich ist, eine kaum überschaubare Fülle von Themen aufgreift und die unterschiedlichsten literarischen Formen nutzt, lassen sich doch einige allgemeine Grundlinien seines Denkens angeben, die seine Auffassung vom Menschen, von der Gesellschaft und von der Rolle der Kunst betreffen. Deshalb sei hier vorab der Versuch unternommen, in drei Schritten gewissermaßen den Umriss des Schriftstellers Bertolt Brecht zu skizzieren – zumindest so, wie er sich seit der zweiten Hälfte der zwanziger Jahre darstellte, als Brecht seine gesellschaftskritische Perspektive durch die Aufnahme marxistischen Gedankenguts gefestigt und zudem die Grundzüge der epischen Theatertheorie entworfen hatte.

1. Brecht sieht den Menschen prinzipiell als Teil eines gesellschaftlichen Gefüges: Seine Stellung in der Gesellschaft und die Art seiner Beziehungen zu anderen Menschen lenken sein Denken und Handeln, stecken den Rahmen seiner Möglichkeiten ab. An eine weitgehende Autonomie, an eine innere Freiheit des Menschen, die von den jeweiligen sozialen Konstellationen unabhängig wäre, glaubt Brecht nicht, und er interessiert sich auch wenig für die verborgenen Tiefen des Seelenlebens und die Geheimnisse der menschlichen Psyche; seine Aufmerksamkeit gilt vorrangig den Interaktionen *zwischen* den Menschen sowie den gesellschaftlichen Bedingungen, unter denen sie leben und die ihr Verhalten bestimmen. »Das Schicksal des Menschen ist der Mensch«, heißt es kurz und bündig im *Buch der Wendungen*. Brechts literarische Darstellung menschlichen Handelns akzentuiert daher immer dessen Prägung durch gesellschaftliche Zustände, die der kritischen Reflexion des Betrachters – des Lesers oder Zuschauers – zugänglich gemacht werden soll. Konkret befasst sich der Autor in erster Linie mit der Klassenstruktur der kapitalistischen, bürgerlichen Gesellschaft seiner Zeit, mit ihrer spezifischen Verteilung von Besitz und Armut, ihren Abhängigkeitsverhältnissen und ihrer offenen oder verborgenen gewalttätigen Unterdrückung und Ausbeutung, die nach seiner Auffassung in der NS-Diktatur ihren Höhepunkt erreichten.

2. Allerdings stilisiert Brecht die gesellschaftliche Lage, ihre Zwänge und ihre Ungerechtigkeiten wiederum nicht zu einer übermächtigen Gewalt, vor der es für den Einzelnen kein Entrinnen gibt. Er versteht die sozialen Verhältnisse immer als dynamische, nicht als statische. Da sie von Menschen geschaffen sind, können sie nach seiner Ansicht auch durch Menschen verändert werden: Es ist möglich, sie zu analysieren,

ihre eigentümlichen Strukturen zu verstehen und sie nicht zuletzt eben durch gezieltes, vernunftgeleitetes Eingreifen umzugestalten. »Wer seine Lage erkannt hat, wie soll der aufzuhalten sein?« – diese rhetorische Frage aus dem Stück *Die Mutter* bringt Brechts Vertrauen in die Fähigkeit des denkenden Menschen, seine Lebenswelt durch aktives Handeln zu verändern und zu verbessern, auf den Punkt. Notwendig ist es freilich, ihm jene Kenntnisse und Einsichten zu vermitteln, die ihn erst zu einem solchen schöpferischen Eingreifen, zum sinnvollen praktischen Handeln befähigen. Auf diese Weise wird ihm die Welt – und das heißt vor allem: die soziale Ordnung – förmlich ›ausgeliefert‹, damit er sie nach seinen Bedürfnissen einrichten kann. Langfristig erhofft sich Brecht dadurch die Durchsetzung einer wahrhaft sozialistischen Gesellschaft, in der Unterdrückung, Leiden und Gewalt der Vergangenheit angehören.

3. In diesem Zusammenhang bestimmt Brecht schließlich den Stellenwert der Kunst, zumal der Literatur: Sie soll ein Mittel sein, das genannte Ziel zu erreichen, soll also im weitesten Sinne aufklärerisch wirken und didaktischen Absichten dienen. Einer Kunst um der Kunst willen, wie sie seit dem ausgehenden 19. Jahrhundert unter dem Schlagwort ›l'art pour l'art‹ propagiert wurde, kann Brecht ebensowenig abgewinnen wie Kunstwerken, die lediglich der Unterhaltung und Zerstreuung dienen – er pflegt künstlerische Schöpfungen nüchtern auf ihren ›Gebrauchswert‹ zu prüfen. Die Festlegung der Literatur auf didaktische Funktionen bedeutet indes nicht, dass sie feste, verpflichtende Lehrsätze zu formulieren hätte. Brecht ist vielmehr daran interessiert, den Rezipienten seiner Texte zum kritischen und selbständigen Nachdenken anzuregen. Er soll nicht passiv konsumieren, sondern zum aktiven Partner in einem Lernprozess werden, den die literarischen Werke in Gang zu bringen versuchen. Besondere Bedeutung räumt Brecht hierbei dem Kunstmittel der *Verfremdung* ein, das er im Rahmen der Theorie des epischen Theaters ausführlich erörtert, das sich aber ebenso in seiner Lyrik und in seiner Erzählprosa findet. Um den Weg zu einer Veränderung bestehender sozialer Verhältnisse oder unreflektierter menschlicher Verhaltensweisen zu eröffnen, scheint es Brecht erforderlich, diesen Phänomenen zunächst einmal ihre Vertrautheit und Selbstverständlichkeit zu nehmen, die ihnen nur allzu leicht den Schein des Unabänderlichen verleiht. Es gilt also, sie in der literarischen Darstellung gleichsam künstlich fremd zu machen, denn erst dann können sie zu Gegenständen der kritischen Betrachtung und des eingreifenden, umgestaltenden Handelns werden. Unter Verfremdung ist folglich eine mit künstlerischen Mitteln herbeigeführte produktive Irritation zu verstehen: Der Leser

oder Zuschauer soll lernen, einen neuen Blick auf die Welt zu werfen und sie als eine *veränderbare* zu erkennen. »Ich lehre ihn sehen«, sagt Brechts Galilei über seinen Schüler, den Knaben Andrea, und damit ist auch die maßgebliche Intention des Autors in seinen eigenen Werken treffend bezeichnet.

Die Forschungsliteratur zu Brecht ist längst kaum mehr zu überblicken. Am Ende der einzelnen Kapitel werden hier jeweils einige einführende oder zusammenfassende Darstellungen genannt, die als Einstieg in das Themengebiet geeignet sind und über die auch weitere Titel leicht ermittelt werden können. Grundlage für jede nähere Beschäftigung mit Brechts Werk ist die umfangreiche *Große kommentierte Berliner und Frankfurter Ausgabe*, nach der die Texte im Folgenden auch (mit der Angabe von Band- und Seitenzahl) zitiert werden.

Literaturhinweise:

- Berg, Günter; Jeske, Wolfgang: Bertolt Brecht. Stuttgart, Weimar 1998.
- Brecht, Bertolt: Werke. Große kommentierte Berliner und Frankfurter Ausgabe. Hrsg. von Werner Hecht u.a. 30 Bände und ein Registerband. Berlin, Weimar, Frankfurt a.M. 1988–2000.
- Brecht-Handbuch in fünf Bänden. Hrsg. von Jan Knopf. Stuttgart, Weimar 2001–2003.
- Joost, Jörg-Wilhelm; Müller, Klaus-Detlef; Voges, Michael: Bertolt Brecht. Epoche – Werk – Wirkung. München 1985.
- Knopf, Jan: Bertolt Brecht. Stuttgart 2000.

Brecht im Profil

1

Zur Biographie

Kaiserreich und Weimarer Republik

Eugen Berthold Friedrich Brecht, der sich als Schriftsteller Bertolt (oder einfach Bert) Brecht nannte, stammte aus einer in Süddeutschland beheimateten bürgerlichen Familie, gehörte also seiner Herkunft nach selbst jener sozialen Schicht an, deren Vorstellungen, Weltanschauung und Lebensweise er in seinen Werken immer wieder einer vernichtenden Kritik unterzog. Er kam am 10. Februar 1898 in Augsburg als erster Sohn von Sophie Brecht, geborene Brezing (1871–1920) und Berthold Friedrich Brecht (1869–1939) zur Welt; zwei Jahre später wurde ein Bruder mit Namen Walter geboren. Der Vater arbeitete in einer Augsburger Papierfabrik, wo er im Laufe der Jahre eine eindrucksvolle Karriere machte und zum Prokuristen und kaufmännischen Direktor aufstieg.

Brecht absolvierte die Volksschule und das Realgymnasium. Literarische Versuche, vor allem Gedichte und Dramenpläne, sind schon aus dem Jahr 1913 bekannt, erste Werke wurden in der Schülerzeitschrift *Die Ernte* abgedruckt. Weitere Publikationsmöglichkeiten ergaben sich nach Beginn des Weltkriegs, als Brecht eine Anzahl patriotischer Gedichte, die dem Geist der Zeit entsprachen, in verschiedenen Zeitungen unterbringen konnte. Vom Fronteinsatz blieb der junge Mann mit viel Glück verschont; auch ein Herzleiden, das ihm zeit seines Lebens zu schaffen machte, mag dazu beigetragen haben. Seine politische Haltung veränderte sich offenbar schon sehr bald hin zu einer distanzierten Einschätzung des Krieges und des nationalistischen Denkens: 1916 löste er mit einem kritischen Aufsatz über den berühmten Spruch des römischen Dichters Horaz vom ›süßen und ehrenvollen Tod für das Vaterland‹ (»Dulce et decorum est pro patria mori«) einen Skandal aus, der beinahe zum Schulverweis geführt hätte. Noch drastischer kommt seine Einstellung in dem Gedicht *Legende vom toten Soldaten* zum Ausdruck, das

1918 entstand und durch makabre Überspitzung die fanatische Kriegsbegeisterung im wilhelminischen Deutschland verspottet.

In der Schulzeit nahmen manche dauerhaften Freundschaften Brechts ihren Anfang, beispielsweise die mit Caspar Neher, der sich als Zeichner und später als Bühnenmaler betätigte. Im Kreise einiger gleichgesinnter junger Leute führte Brecht in den letzten Augsburger Jahren eine bohèmehafte Existenz, die stark von künstlerischen, vor allem literarischen Aktivitäten geprägt war. 1917 begann zudem die Beziehung zu Paula Banholzer (»Bi«), aus der ein Sohn hervorging; zur Heirat kam es jedoch nicht. Enge freundschaftliche Verbindungen und Liebesbeziehungen zu unterschiedlichen Frauen spielten für Brecht auch in der Folgezeit immer eine wichtige Rolle, und zwar keineswegs nur in emotionaler Hinsicht: Er machte sie überdies für die eigene schriftstellerische Tätigkeit fruchtbar, indem er bereitwillig Anregungen und Kritik von anderen aufnahm und seine Freunde wie seine Geliebten zur Mitarbeit an literarischen Projekten heranzog. Insbesondere Elisabeth Hauptmann, Margarete Steffin und Ruth Berlau haben beträchtliche Beiträge zu Brechts Werk geleistet, wobei die Anteile der einzelnen Mitwirkenden meist nicht präzise gesondert werden können. Für den Autor, der das traditionelle Bild des einsam schaffenden Künstler-Individuums nicht mehr für zeitgemäß hielt, war diese Art der kollektiven Produktion eine Selbstverständlichkeit, so wie er auch ohne Scheu auf Dichtungen früherer Epochen zurückgriff, um deren Material für seine Zwecke umzugestalten. Im Zusammenhang mit den Plagiatsvorwürfen wegen der *Dreigroschenoper* bekannte er sich übrigens ganz offen zu seiner »Laxheit in Fragen geistigen Eigentums« (21, S. 316).

Nachdem er im März 1917 das in Kriegszeiten übliche ›Notabitur‹ abgelegt hatte, schrieb sich Brecht in München an der Philosophischen Fakultät der Universität ein. Etwas später belegte er außerdem das Fach Medizin, um seine Chancen, der Einberufung zu entgehen, zu verbessern. Mehr als das Studium, das er spätestens seit Kriegsende nicht mehr ernsthaft betrieb, interessierten ihn allerdings seine literarischen Ambitionen; so lag 1918 eine erste Fassung des *Baal*-Dramas vor. Es ist durchaus typisch für Brecht, dass dieses Werk später noch mehrfach gründlich bearbeitet wurde. Der Autor beschäftigte sich oft jahrelang mit einem Stück, erstellte mitunter auch nach der Uraufführung noch neue Fassungen, teils mit geänderten Titeln, und gelangte keineswegs immer zu einer Version des Textes, die ihn vollständig befriedigte. Nicht umsonst war die Schriftenreihe, die er 1930 begründete und nach dem Zweiten Weltkrieg wieder aufnahm, *Versuche* betitelt – das Vorläufige, Experimentelle ist ein Wesensmerkmal von Brechts literarischem Schaffen.

Zur Novemberrevolution, die aus der militärischen Niederlage Deutschlands im Ersten Weltkrieg und aus dem Ruin des wilhelminischen Kaiserreichs erwuchs, hielt sich Brecht auf Distanz; eine feste politische Position vertrat er zu dieser Zeit noch nicht. Die revolutionären Ereignisse bilden den Hintergrund des Stückes *Trommeln in der Nacht* (zunächst sollte es *Spartakus* heißen), das er 1919 begann und in den folgenden Jahren tiefgreifend umarbeitete. Es gelang ihm, den in München ansässigen Lion Feuchtwanger für dieses Werk zu interessieren, der als erfolgreicher Schriftsteller über beträchtlichen Einfluss im Kulturbetrieb verfügte; die Freundschaft mit ihm war noch bis in die Jahre des amerikanischen Exils ein wichtiger Rückhalt für Brecht, obwohl beide in politischen Fragen häufig nicht übereinstimmten. 1920 reiste Brecht erstmals für einige Wochen nach Berlin, wo er sich später noch mehrfach längere Zeit aufhielt, um Kontakte zu knüpfen, bevor er 1924 endgültig in die Hauptstadt übersiedelte. Berlin war nicht nur die politische, sondern auch die kulturelle Metropole der Weimarer Republik, und für einen ehrgeizigen jungen Autor hing viel davon ab, dass er sich dort zu etablieren vermochte. Brecht schloss Freundschaft mit dem um einige Jahre älteren Dichter Arnolt Bronnen (der später ein entschiedener Anhänger des NS-Regimes wurde), und gemeinsam entfalteten sie eine große Betriebsamkeit im Berliner Kulturleben, vor allem in der Theaterszene. Brecht versuchte sich als Dramaturg und Regisseur und bemühte sich auch, anfangs freilich ohne Erfolg, um Aufführungen seiner eigenen Stücke. Von Beginn an demonstrierte er öffentlichkeitswirksam seine Opposition zur bürgerlichen Literatur- und Theaterlandschaft und inszenierte sich als (vermeintlicher) proletarischer Außenseiter. Zu seinem Lieblingsgegner erkor er sich Thomas Mann, *den* großbürgerlichen Schriftsteller par excellence, und Gelegenheiten für provozierende Aktionen nahm er gerne wahr. Als er beispielsweise 1927 bei einem Lyrik-Wettbewerb der Zeitschrift *Die Literarische Welt* als Preisrichter fungierte, verhöhnte er sämtliche eingesandten Texte wegen ihrer »Sentimentalität, Unechtheit und Weltfremdheit« und titulierte die jungen Autoren als Repräsentanten einer »verbrauchten Bourgeoisie« (21, S. 192); den Preis verlieh er einem Gedicht über einen erfolgreichen Radrennfahrer, das von seinem Verfasser Hannes Küpper nicht einmal für das Preisausschreiben eingereicht worden war.

1921/22 arbeitete Brecht an dem Stück *Im Dickicht*, das später in *Im Dickicht der Städte* umbenannt wurde. 1922 erlebte er dann die erste Aufführung eines seiner Dramen: *Trommeln in der Nacht* kam zuerst in München, dann auch am Deutschen Theater in Berlin auf die Bühne.

Insbesondere für dieses Stück erhielt er den renommierten Kleist-Preis, und zwar auf Initiative des einflussreichen Kritikers Herbert Jhering, der ihm auch in der Folgezeit publizistische Unterstützung gewährte. Im gleichen Jahr heiratete Brecht Marianne Zoff, eine Sängerin, die er in Augsburg kennengelernt hatte. Bald darauf begann allerdings auch seine Liebesbeziehung mit Helene Weigel, die 1929, nach der Scheidung von Marianne Zoff, seine zweite Ehefrau wurde. 1923 fand in München die Uraufführung von *Im Dickicht* statt, die gewalttätige Proteste der Nationalsozialisten hervorrief; das Stück wurde rasch wieder vom Spielplan abgesetzt. Ähnliches widerfuhr *Baal* wenig später in Leipzig.

In den folgenden Jahren verfasste Brecht unter anderem eine Reihe von Kurzgeschichten, von denen einige in Zeitungen und Zeitschriften abgedruckt wurden, stellte in Gemeinschaft mit Feuchtwanger die Bearbeitung eines Dramas von Christopher Marlowe unter dem Titel *Leben Eduards des Zweiten von England* fertig und arbeitete an einem Stück *Galgei*, das später den Titel *Mann ist Mann* erhielt und 1926 uraufgeführt wurde. Nach längerer Verzögerung konnte er 1927 auch endlich seine erste Lyriksammlung, *Bertolt Brechts Hauspostille*, veröffentlichen. Sie vermittelte ihm die Bekanntschaft des Komponisten Kurt Weill, der auf der Grundlage der in der *Hauspostille* enthaltenen *Mahagonnygesänge* ein Songspiel schuf. Die Zusammenarbeit der beiden Künstler erwies sich als äußerst fruchtbar, so wie auch später die Kooperation mit anderen Komponisten – vor allem Hanns Eisler und Paul Dessau – für Brecht große Bedeutung erlangte. Weill und Brecht schrieben gemeinsam die Oper *Aufstieg und Fall der Stadt Mahagonny*, die 1929 abgeschlossen war, vor allem aber die *Dreigroschenoper*, mit der ihnen 1928 ein triumphaler Publikumserfolg gelang, den auch die von Alfred Kerr gegen Brecht erhobenen Plagiatsvorwürfe nicht beeinträchtigen konnten.

1926/27 erfolgte Brechts Wendung zum Marxismus, begleitet von einem intensiven Studium der Werke von Marx und Lenin. Neben dem Soziologen Fritz Sternberg, den er damals kennenlernte, war der Philosoph Karl Korsch für ihn ein wichtiger Gesprächspartner und Gewährsmann bei der Auseinandersetzung mit marxistischem Gedankengut. Brechts Interesse an menschlichen Verhaltensweisen, das schon sein frühes Werk geprägt hatte, wurde auf diesem Wege durch die Aufmerksamkeit für deren gesellschaftliche und ökonomische Bedingungen fundiert und erweitert. Ein linientreuer Kommunist war der Autor freilich nie, und er trat auch nicht der KPD bei, aus der Korsch übrigens wegen ideologischer Abweichungen ausgeschlossen worden war. Sowohl im Exil als auch in der DDR kam es häufiger zu Konflikten mit orthodoxen

Vertretern der Partei, zumal Brecht deren ästhetisches Dogma, das eng gefasste Konzept des ›sozialistischen Realismus‹, nicht als verbindlich akzeptierte.

In den letzten Jahren der Weimarer Republik entwickelte Brecht sein Konzept des ›Lehrstücks‹, mit dem er die konventionellen Formen des Theaters zugunsten einer verstärkten didaktischen Wirkung und einer Aktivierung des Zuschauers überwinden wollte. Zur Gruppe der Lehrstücke zählen das Hörspiel *Der Flug der Lindberghs* sowie *Das Badener Lehrstück vom Einverständnis*, *Der Jasager* und *Der Neinsager*, *Die Maßnahme* – bei dieser Gelegenheit arbeitete Brecht erstmals mit Hanns Eisler zusammen – und *Die Ausnahme und die Regel*; im Exil kam noch *Die Horatier und die Kuriatier* hinzu. Um 1930 war Brecht außerdem mit dem Stück *Die heilige Johanna der Schlachthöfe* beschäftigt, nachdem er schon früher verschiedene Projekte ins Auge gefasst hatte, die die kapitalistische Wirtschaft und das Treiben an der Börse zum Thema haben sollten, letztlich aber nicht ausgeführt wurden. 1931 schrieb er *Die Mutter*, die Dramatisierung eines Romans von Maksim Gorkij, und arbeitete an dem Film *Kuhle Wampe* mit, im folgenden Jahr begann er mit dem Stück *Die Rundköpfe und die Spitzköpfe*. Der 30. Januar 1933 und seine Folgen unterbrachen jedoch abrupt Brechts rege Tätigkeit im kulturellen und politischen Leben der Weimarer Republik.

Im Exil

Mit der Berufung Adolf Hitlers zum Reichskanzler, der sogenannten ›Machtergreifung‹ der Nationalsozialisten, geriet Brecht in größte Gefahr. Seine politische Position und viele seiner Werke, angefangen mit der *Legende vom toten Soldaten*, hatten ihn bei den Rechten, die nun zur Herrschaft gelangt waren, verhasst gemacht, doch zog er keinen Augenblick in Erwägung, sich still zu verhalten oder sich gar dem Regime anzubiedern. Nach dem Reichstagsbrand vom 27. Februar, den die Nazis zum Anlass einer Verhaftungs- und Terrorwelle nahmen, verschärfte sich die Lage weiter, und so verließ Brecht schon am folgenden Tag Deutschland und reiste mit seiner Frau Helene Weigel nach Prag. Von dort gelangte er über Wien, die Schweiz und Paris schließlich, auf eine Einladung der Autorin Karin Michaelis, nach Dänemark, das für rund sechs Jahre sein Hauptaufenthaltsland wurde. Mit der Familie – dazu gehörten neben Weigel die Kinder Stefan und Barbara – ließ er sich in der Nähe von Svendborg auf der Insel Fünen nieder, wo er ein Haus erwarb. Seine wichtigste Mitarbeiterin in dieser ersten Phase des Exils wurde Margarete Steffin, eine junge Kommunistin, die er noch in Berlin kennengelernt hatte. Hinzu kam die Schauspielerin Ruth Berlau, deren Bekanntschaft er in Dänemark machte und die ihn später auch in die USA begleiten sollte.

Einige der Schwierigkeiten, die das Leben im Exil mit sich brachte, teilte Brecht mit den anderen Emigranten, die Deutschland damals in großer Zahl fluchtartig verlassen mussten, doch es gab auch Probleme, die ihn aufgrund seiner politischen Haltung und der Eigenart seines literarischen Schaffens ganz persönlich betrafen. Zu der existentiellen Gefährdung durch das NS-Regime, der unsicheren allgemeinen Lage und der Angst vor einem neuen Krieg kam die materielle Bedrängnis, in die viele exilierte Schriftsteller gerieten, seit ihnen der angestammte deutsche Literaturmarkt verschlossen war. Brecht gelang es, sich in ökonomischer Hinsicht recht gut zu behaupten, obwohl er es bei weitem nicht mit Kollegen wie Thomas Mann, Lion Feuchtwanger oder Stefan Zweig aufnehmen konnte, deren international verbreiteter Ruhm sich im Exil buchstäblich bezahlt machte. Sehr bedenklich waren für ihn die Einschränkungen, denen er als Theaterautor unterworfen war: Er litt unter der erzwungenen Distanz zur Bühne, die ihm die gewohnte praktische Arbeit an seinen Stücken und die unmittelbare Erprobung ihrer Wirkung unmöglich machte. Seine experimentellen Schreibweisen, für deren Entfaltung die kulturelle Landschaft der Weimarer Republik durchaus Raum geboten hatte, fanden jetzt keine Resonanz mehr, wie er etwa anlässlich einer New Yorker Inszenierung von *Die Mutter* erfahren musste, bei der es zu schweren Konflikten mit dem Regisseur und den Darstellern kam. An einen Ausbau der Lehrstück-Konzeption konnte er unter diesen Umständen erst recht nicht denken. So bequemte sich Brecht bisweilen zu Zugeständnissen an die Gewohnheiten des Publikums, indem er beispielsweise in dem Stück *Die Gewehre der Frau Carrar* weitgehend auf epische Elemente, wie sie seinem eigenen Verständnis von Theater entsprachen, verzichtete und sich der konventionellen Einfühlungsdramaturgie zumindest annäherte. Nach Kriegsbeginn gab es in Europa dann gar keine Bühne mehr für Brechts Stücke, abgesehen von dem Züricher Schauspielhaus in der neutralen Schweiz, das in diesen Jahren *Mutter Courage und ihre Kinder*, *Der gute Mensch von Sezuan* und *Leben des Galilei* aufführte.

Obwohl man sich im Exil um eine einheitliche ›Volksfront‹ bemühte, die kommunistische und bürgerliche Hitler-Gegner zum gemeinsamen antifaschistischen Kampf zusammenschließen sollte, gingen die Auseinandersetzungen zwischen den verschiedenen politischen Richtungen unter den Emigranten weiter. Brecht bezog in diesem komplexen Spektrum keine feste Position, bemühte sich aber darum, möglichst viele Kontakte zu halten bzw. neu zu knüpfen; Walter Benjamin war beispielsweise mehrfach in Svendborg zu Gast. Mit der offiziellen Linie der kommunistischen Partei stimmte Brecht keineswegs immer überein, schon gar nicht in ästhetischen Fragen, da sich sein Theaterkonzept nicht mit ihrem insbesondere von Georg Lukács propagierten dogmatischen Literaturverständnis, das sich an der deutschen Klassik und einem recht vordergründig verstandenen Realismus orientierte, vereinbaren ließ. Über Abweichlern wie Brecht schwebte immer der Vorwurf des angeblich volksfremden ›Formalismus‹. Die Aufsätze und Notizen, in denen er zu solchen Fragen Stellung bezog und seine modernen, experimentellen literarischen Techniken verteidigte, blieben damals unveröffentlicht.

Trotz dieser ungünstigen Umstände waren die ersten Jahre des Exils für den Schriftsteller Brecht eine äußerst produktive Phase. Der Zwang zur Auseinandersetzung mit dem deutschen Faschismus spornte ihn an; die meisten Projekte, mit denen er sich bis 1939/40 befasste, kreisten auf die eine oder andere Weise um dieses Thema. 1934 veröffentlichte er den *Dreigroschenroman*, der sein ökonomisches Überleben für längere Zeit sicherte. Weitere Romanvorhaben wie der *Tui-Roman* und *Die Geschäfte des Herrn Julius Caesar*, an denen er in den dreißiger Jahren arbeitete, blieben allerdings unvollendet. Das Stück *Die Rundköpfe und die Spitzköpfe* wurde in Kopenhagen in dänischer Sprache uraufgeführt; 1937 verfasste Brecht mit Blick auf den spanischen Bürgerkrieg zwischen Republikanern und faschistischen Putschisten *Die Gewehre der Frau Carrar*; im folgenden Jahr wurde die umfangreiche Szenenfolge *Furcht und Elend des III. Reiches* abgeschlossen und die erste Fassung des Stückes *Leben des Galilei* niedergeschrieben. Des weiteren publizierte Brecht zwei Gedichtsammlungen, die den Nationalsozialismus entlarven und zur Solidarität der Unterdrückten sowie zum Widerstand gegen das Regime in Deutschland aufrufen sollten (*Lieder Gedichte Chöre*, 1934; *Svendborger Gedichte*, 1939). Nicht zuletzt begann er 1938, sogenannte *Journale* zu führen, die mit ihren unregelmäßigen, tagebuchartigen Notizen und Reflexionen vor allem für die weiteren Exiljahre wichtige Einblicke in biographische Ereignisse, in die Überzeugungen des Autors und in sein Verständnis der Zeitgeschichte gewähren.

Von Dänemark aus unternahm Brecht in den Jahren vor dem Weltkrieg zahlreiche Reisen, um literarische Projekte zu fördern und die Verbindung zu Bekannten, Freunden und Mitstreitern aufrecht zu erhalten. So besuchte er Moskau, London und Paris sowie 1935 auch New York, wo ein Arbeitertheater sein Stück *Die Mutter* aufführte. Übrigens war er offiziell Mitherausgeber der in Moskau angesiedelten Exilzeitschrift *Das Wort*, auf deren Inhalt er aber in der Praxis nur geringen Einfluss nehmen konnte. Da die wachsende Aggressivität der deutschen Politik die Kriegsgefahr ständig vergrößerte, wich die Familie Brecht, verstärkt durch Ruth Berlau und Margarete Steffin, im April 1939 nach Schweden aus. Dort begann Brecht mit der Arbeit an *Der gute Mensch von Sezuan* (vollendet erst 1941) und schrieb *Mutter Courage und ihre Kinder* sowie das Hörspiel *Das Verhör des Lukullus* – der Schaffensdrang wurde durch die verdüsterte politische Lage keineswegs beeinträchtigt. Als der Krieg ausbrach und die deutsche Wehrmacht im April 1940 Dänemark und Norwegen besetzte, war Brecht jedoch auch in Schweden nicht mehr sicher. Er begab sich nach Finnland, um von dort möglichst rasch in die Vereinigten Staaten auszureisen, aber Probleme mit den Visa für ihn und seine Begleitung verzögerten die Weiterfahrt und bedingten eine Wartezeit von rund einem Jahr. In Zusammenarbeit mit der finnischen Autorin Hella Wuolijoki, auf deren Landgut er einen Teil des Sommers zubrachte, verfasste Brecht die Komödie *Herr Puntila und sein Knecht Matti*; überdies war er mit den *Flüchtlingsgesprächen* und der Hitler-Satire *Der Aufstieg des Arturo Ui* beschäftigt. Im Mai 1941 konnte er Finnland endlich verlassen. Über Moskau, wo Margarete Steffin krank zurückblieb – sie starb wenig später –, fuhr er nach Wladiwostok an der Pazifikküste und gelangte von dort am 21. Juli, wenige Wochen nach dem deutschen Überfall auf die Sowjetunion, zu Schiff nach Los Angeles.

Brecht siedelte sich an der Westküste in Santa Monica unweit von Hollywood an, wo schon zahlreiche andere exilierte Künstler und Intellektuelle aus Deutschland wohnten, darunter Heinrich und Thomas Mann, Lion Feuchtwanger und Alfred Döblin. Die gut sechs Jahre, die Brecht in den USA verbringen musste, dürften die unerfreulichsten in seinem ganzen Leben gewesen sein, und sie waren, verglichen mit der vorangegangenen Zeit in Skandinavien, auch schriftstellerisch nicht sonderlich ergiebig. Er fühlte sich in Amerika nicht wohl; die extreme Profitorientierung in einer hochkapitalistischen Gesellschaft störte ihn, und mit der Sprache hatte er ebenfalls Schwierigkeiten. Obendrein blieb die wirtschaftliche Lage dürftig, da es Brecht trotz erheblicher Anstrengungen – er produzierte zahlreiche Filmexposés – nicht gelang, ins Filmgeschäft von Hollywood einzusteigen, das ihm beträchtliche Verdienstmöglichkeiten eröffnet hätte: Die Anpassung an die Marktmechanismen der amerikanischen Kulturindustrie, die in erster Linie auf effektive Verwertung zielten, fiel ihm schwer. Lediglich die Mitarbeit am Drehbuch zu dem antifaschistischen Film *Hangman Also Die* brachte eine größere Geldsumme ein. Seit 1943 hielt sich Brecht mehrfach für einige Zeit in New York auf, aber auch dort konnte er nicht dauerhaft Fuß fassen; so zerschlugen sich Pläne zu einer Broadway-Inszenierung seiner *Schweyk*-Komödie, die er in Anknüpfung an den Roman des Tschechen Jaroslav Hašek *Die Abenteuer des braven Soldaten Schwejk während des Weltkrieges* geschrieben hatte. 1943 wurde das Stück *Die Gesichte der Simone Machard* abgeschlossen, im folgenden Jahr entstand *Der kaukasische Kreidekreis.* Zur gleichen Zeit begann Brechts Kooperation mit dem Schauspieler Charles Laughton, die zu den wenigen positiven Erfahrungen des USA-Aufenthalts zählte. Die beiden erarbeiteten gemeinsam eine amerikanische Fassung des Galilei-Stückes unter dem Titel *Galileo*, die 1947 mit Laughton in der Titelrolle in Beverly Hills auf die Bühne kam.

Nach Kriegsende bereitete Brecht seine Rückkehr nach Europa vor, wo er seinen Wohnsitz vorläufig außerhalb Deutschlands nehmen wollte. Zuvor musste er sich jedoch in New York einem Verhör vor dem »House on Un-American Activities Committee« unterziehen – der Argwohn gegen Personen, die mit kommunistischen Überzeugungen in Verbindung gebracht wurden, nahm in den USA in jenen Jahren beständig zu. Brecht überstand die Anhörung am 30. Oktober 1947 unbeschadet, zumal er wahrheitsgemäß versichern konnte, nie einer kommunistischen Partei angehört zu haben. Schon tags darauf flog er nach Paris – Frau und Tochter folgten per Schiff nach – und reiste dann nach Zürich weiter. Dort, wo während des Krieges schon einige seiner großen Exilstücke aufgeführt worden waren, traf er Caspar Neher wieder, der jetzt am Schauspielhaus angestellt war, und lernte unter anderem auch Max Frisch kennen. Er bekam Gelegenheit, am Stadttheater Chur Sophokles' *Antigone* in einer eigenen Bearbeitung, die auf der Übersetzung Hölderlins basierte, zu inszenieren. Die Aufführung, die im Februar 1948 Premiere hatte, wurde in Zusammenarbeit mit Neher und Ruth Berlau in dem sogenannten *Antigonemodell*, das künftigen Inszenierungen als Leitfaden dienen sollte, umfassend dokumentiert; ähnlich verfuhr Brecht später beispielsweise bei einer Musterinszenierung seiner *Mutter Courage.* Noch im selben Jahr konnte er am Züricher Schauspielhaus die *Puntila*-Komödie auf die Bühne bringen. Zudem verfasste er in der Schweiz das *Kleine Organon für das Theater*, in dem er die Grundzüge der epischen Theaterkonzeption darlegte.

Nach der Rückkehr – die letzten Jahre

Seit ihm die Nationalsozialisten die deutsche Staatsbürgerschaft aberkannt hatten, galt Brecht als Staatenloser, was jede Reise, jede Grenzüberschreitung sehr erschwerte. Das Problem wurde erst 1950 behoben, als er die österreichische Staatsbürgerschaft erhielt. Zu diesem Zeitpunkt war der Autor allerdings schon wieder nach Berlin, und zwar in den Ost-Sektor, übergesiedelt. Die erste Reise in die ehemalige Reichshauptstadt nach dem Krieg kam im Oktober 1948 zustande: Brecht leitete die Proben zur Berliner Uraufführung von *Mutter Courage und ihre Kinder*, die im Januar am Deutschen Theater stattfand. In erster Linie war ihm jetzt daran gelegen, die Grundlage für eine kontinuierliche und unabhängige Theaterarbeit zu schaffen, auf die er lange Jahre hatte verzichten müssen. Es gelang ihm, den Aufbau einer eigenen Theatertruppe durchzusetzen, deren Leitung Helene Weigel übernahm. Dieses Berliner Ensemble, mit dem Brecht seine Vorstellungen endlich ohne fremde Einmischung verwirklichen konnte, eröffnete seine Arbeit offiziell am 12. November 1949 mit einer Aufführung von *Herr Puntila und sein Knecht Matti* und erwarb sich bald auch einen großen internationalen Ruf, beispielsweise durch die umjubelten Gastspiele in Paris mit *Mutter Courage* (1954) und *Der kaukasische Kreidekreis* (1955). Es war zunächst am Deutschen Theater untergebracht, erhielt aber 1954 ein eigenes Haus am Schiffbauerdamm.

Brechts Entscheidung für den sozialistischen Teil Deutschlands war vor dem Hintergrund seiner Biographie und seiner politischen Einstellung folgerichtig. Freilich dachte er nicht daran, die gesamtdeutsche Perspektive voreilig aufzugeben. Im Rahmen seiner Möglichkeiten versuchte er weiterhin auf ein geeintes und friedliches Deutschland hinzuwirken; in diesem Sinne war beispielsweise sein *Offener Brief an die deutschen Künstler und Schriftsteller* vom September 1951 abgefasst. Die restaurativen Tendenzen in den Besatzungszonen der Westmächte und später die rasche Integration der jungen Bundesrepublik in die politischen und militärischen Strukturen der westlichen Welt enttäuschten ihn zutiefst, wie etwa das satirische Gedicht *Freiheit und Democracy* zeigt. Umgekehrt sah er sich im Westen vielfach mit massiver ideologischer Ablehnung konfrontiert, die verschiedentlich sogar zu Boykottdrohungen führte und für lange Zeit jeder unbefangenen Brecht-Rezeption in der BRD Hindernisse in den Weg legte – der politische engagierte Autor konnte sich den Frontstellungen des beginnenden Kalten Krieges nicht entziehen. Aber auch gegenüber dem neuen sozialistischen Staat nahm Brecht eine durchaus nüchterne Haltung ein, die vielleicht am besten als kritische Loyalität bezeichnet werden kann. Prinzipiell begrüßte er den Versuch, in Deutschland eine sozialistische Gesellschaft aufzubauen, und war bereit, ihn mit seinen Mitteln zu unterstützen, doch andererseits beobachtete er mit Sorge das Funktionärswesen und die starre Bürokratie, die sich in der DDR nur allzu rasch herausbildeten, nicht zuletzt auf dem kulturellen Sektor.

Seiner skeptischen Distanz entsprach wiederum das Misstrauen, das die Parteifunktionäre ihm entgegenbrachten. Brecht wurde zwar 1950 Mitglied der Deutschen Akademie der Künste in (Ost-)Berlin und erhielt im folgenden Jahr auch den Nationalpreis I. Klasse (1955 wurde ihm außerdem in Moskau der Stalinpreis, ein internationaler Friedenspreis, verliehen), aber er gewann so gut wie keinen Einfluss auf die Kulturpolitik der DDR. Die von der Partei verordneten Richtlinien für eine sozialistische Kunstproduktion entsprachen ganz jenem engen, traditionsgebundenen Realismus-Konzept, das Lukács und andere schon vor dem Krieg propagiert hatten und das Brecht für völlig anachronistisch hielt. So stieß denn auch das epische Theater bei den DDR-Offiziellen auf wenig Gegenliebe. In welche Schwierigkeiten Künstler geraten konnten, die nach den herrschenden Maßstäben als ›formalistisch‹ galten, zeigten die Attacken auf Eislers Opernprojekt *Johann Faustus*, aber auch die Debatten um die 1951 vollendete *Lukullus*-Oper, die Brecht mit Paul Dessau auf der Grundlage seines älteren Hörspiels geschrieben hatte.

Der Schwerpunkt von Brechts Aktivitäten lag in diesen Jahren auf der praktischen Theaterarbeit. 1953 entstand noch das Stück *Turandot oder Der Kongreß der Weißwäscher*, aber davon abgesehen befasste er sich überwiegend mit den Inszenierungen des Berliner Ensembles und mit der Bearbeitung fremder Werke für die Bühne; dazu gehörten *Der Hofmeister* von Jakob Michael Reinhold Lenz, *Biberpelz und roter Hahn* von Gerhart Hauptmann und Shakespeares *Coriolan*. Allerdings schrieb er auch noch zahlreiche Gedichte, darunter die *Buckower Elegien*, die zu seinen bedeutendsten lyrischen Schöpfungen zählen. Ein wichtiger Anlass für ihre Entstehung waren die Ereignisse vom 17. Juni 1953, als sich in Ost-Berlin aus Protesten der Arbeiter gegen eine Erhöhung der Produktionsnormen ein regelrechter Aufstand entwickelte, der von den sowjetischen Besatzungstruppen niedergeschlagen wurde. Brecht stellte sich in diesem Zusammenhang öffentlich auf die Seite der SED, weil er fürchtete, reaktionäre und faschistische Kräfte könnten die Unruhen zu einem Putsch nutzen. Indes war seine Haltung keineswegs so einseitig, wie sie vor allem im Westen damals wahrgenommen wurde, wo Brechts

Reaktion auf den 17. Juni neue Boykottaufrufe gegen seine Stücke auslöste. Er trat nämlich zugleich für einen offenen Dialog zwischen der Arbeiterschaft und der Parteiführung ein, der er bürokratische Erstarrung und wachsende Distanz zum Volk vorwarf. Solche Kritik an der Selbstherrlichkeit der Funktionäre kommt auch in einigen der *Buckower Elegien* – beispielsweise in dem Gedicht *Die Lösung* – zum Ausdruck, die freilich aus naheliegenden Gründen zu Lebzeiten des Verfassers nicht publiziert wurden.

Noch im Februar 1956 reiste Brecht nach Mailand, um Giorgio Strehlers Inszenierung der *Dreigroschenoper* zu sehen, die, wie schon die Triumphe des Berliner Ensembles in Paris, den unaufhaltsamen internationalen Durchbruch des Brechtschen Theaterwerks anzeigte. Seit dem Frühjahr nahmen die gesundheitlichen Probleme des Dichters jedoch rapide zu. Am 14. August 1956 starb Brecht in Berlin infolge eines Herzinfarkts.

Literaturhinweise:

– Hecht, Werner: Brecht-Chronik. 1898–1956. Frankfurt a.M. 1997.
– Kesting, Marianne: Bertolt Brecht mit Selbstzeugnissen und Bilddokumenten. Hamburg 1959 (zahlreiche Neuauflagen).
– Mittenzwei, Werner: Das Leben des Bertolt Brecht oder der Umgang mit den Welträtseln. 2 Bände. Berlin 1987.
– Völker, Klaus: Bertolt Brecht. Eine Biographie. München 1976.

2

Stücke I: Die Weimarer Republik

Das erste große Drama, das Brecht vollendete, war das Stück ***Baal***, dessen erste Fassung 1918 niedergeschrieben wurde. Als Grundlage wissenschaftlicher Interpretationen dient allerdings meist die zweite Fassung aus dem folgenden Jahr; später überarbeitete Brecht das Werk noch mehrfach. Ursprünglich war es als Gegenentwurf zu dem expressionistischen Drama *Der Einsame* gedacht, in dem Hanns Johst den Dichter Christian Dietrich Grabbe als genialischen Außenseiter porträtiert hatte, aber es wuchs im Laufe der Zeit weit über diesen Anlass hinaus. Schon in *Baal* zeigt sich Brechts Distanz zur klassischen, geschlossenen Dramenform: Das Stück weist keine durchgängige Handlung auf, sondern präsentiert sich als lockere Szenenreihe, die lediglich durch die Titelfigur zusammengehalten wird. Der Protagonist, der den Namen einer aus dem Alten Testament bekannten heidnischen Gottheit trägt und dem Brecht gewisse Züge der von ihm verehrten Poeten Villon und Verlaine verlieh, verkörpert die Gier nach exzessivem Lebensgenuss und gibt sich rückhaltlos dem Essen und Trinken, der sexuellen Leidenschaft und dem sinnlichen Erleben der Natur hin – eine solche Lebensweise wird auch in Brechts früher Lyrik am Beispiel von Außenseitern, Verbrechern und vagabundierenden Poeten vielfach gestaltet. Dem Druck der gesellschaftlichen Ordnung, die dem Einzelnen bestimmte Rollen und Verhaltensmuster aufzwingt, entzieht sich Baal durch die Flucht in die Natur und in ein anarchisches Triebleben. Er achtet weder die Gesetze noch die Anstandsnormen der bürgerlichen Gesellschaft und kennt als ein buchstäblich asozialer Charakter keine Rücksichtnahme auf seine Mitmenschen.

Da Baal als reine Gegenfigur zur sozialen Ordnung und den herrschenden Wertvorstellungen konzipiert ist, bleibt er allerdings doch ganz auf eben diese Ordnung bezogen; seine Existenz eröffnet als ein bloß individueller Protest gegen die bürgerliche Welt keine wirklich tragfähige Alternative zu ihr. Das von Baal so eindrucksvoll ausgelebte Verlangen nach intensivem Daseinsgenuss blieb für Brecht jedoch auch später wichtig: In etwas gedämpfter Form zeichnet es viele seiner Dramenfiguren aus, beispielsweise den Titelhelden des *Galilei*-Stücks. Und die in *Baal* problematisierte Beziehung des Einzelnen zur Gesellschaft erlangte ebenfalls zentrale Bedeutung für das gesamte Werk des Autors. Freilich wurde der schroffe Gegensatz zwischen beiden Größen, der das frühe Stück bestimmt, später durch differenziertere Modelle dieses Verhältnisses abgelöst – insbesondere nach Brechts Wendung zum Marxismus. Schon in seinem Fatzer-Projekt, mit dem er sich seit 1926 beschäftigte, das aber als Fragment liegen blieb, erörtert Brecht eingehend die gemeinschaftsschädigende Wirkung eines ganz selbstbezogenen, ›egoistischen‹ Individuums.

Kurz nach der Novemberrevolution von 1918/19 entstand die erste Fassung von ***Trommeln in der Nacht***, das ursprünglich *Spartakus* heißen sollte (der Spartakusbund, benannt nach dem Führer eines Sklavenaufstands im alten Rom, repräsentierte in den Revolutionstagen die extreme Linke des politischen Spektrums). Auch dieses Werk erfuhr später mehrere Überarbeitungen, 1922 kam es als erstes Werk Brechts auf die Bühne. Es spielt in Berlin in der Revolutions- und unmittelbaren Nachkriegszeit: Andreas Kragler kehrt nach langen Jahren des Krieges und der Gefangenschaft gerade an dem Abend heim, an dem sich seine Geliebte Anna Balicke mit dem neureichen Kriegsgewinnler Murk verloben will. In Murk zeichnet Brecht ein Bild des rücksichtslosen, karrierebesessenen Aufsteigers, so wie die Eltern Balicke den Typus des angepassten deutschen Bürgers vertreten, dessen beschränkte Lebenswelt und klischeebeladene Kultur das Stück in drastischer Form entlarvt; dabei verwendet es übrigens auch einige illusionsbrechende Elemente, die schon auf die Strategien des epischen Theaters vorausweisen. Doch obwohl durch Kraglers Heimkehr eine äußerst brisante Situation entsteht, kommt es zu keiner offenen Abrechnung mit der bürgerlichen Welt. Die Revolution bleibt buchstäblich hinter den Kulissen, denn Kragler ist trotz aller Leiden und Enttäuschungen nicht bereit, sich ihr anzuschließen, da er sein Leben nicht für eine »Idee« (1, S. 228) riskieren will; statt dessen zieht er sich, nachdem er Anna wieder für sich gewonnen hat, mit ihr in die Sphäre privater Behaglichkeit zurück. Eine Bewertung dieser Entscheidung gibt der Text nicht vor, sie bleibt dem Rezipienten überlassen. Vom rückhaltlosen Engagement für einen revolutionären Umsturz der Gesellschaft war Brecht zu diesem Zeitpunkt offenkundig noch weit entfernt.

Das 1921/22 verfasste Stück ***Im Dickicht*** – später *Im Dickicht der Städte* betitelt – dürfte von allen Dramen Brechts am schwersten zugänglich sein, vor allem deshalb, weil es ganz darauf verzichtet, das Verhalten der Hauptfiguren in psychologisch nachvollziehbarer Weise zu begründen. Die Handlung ist in Chicago angesiedelt, das beispielhaft für die moderne Großstadt schlechthin steht. Brecht demonstriert die Anonymität und Kälte des großstädtischen Lebens und die völlige Beziehungslosigkeit der Menschen, die keinen Ausweg aus ihrer Isolation finden; auch die oftmals geradezu lyrisch getönte Sprache vermag keine Verbindungen zwischen den Einzelnen mehr herzustellen und verliert damit ihre Funktion als Verständigungsmittel. Gegenstand des Stückes ist ein (scheinbar) unmotivierter Kampf zwischen dem reichen Holzhändler Shlink und dem Leihbibliotheksangestellten Garga, dem unter anderem die Frauen aus Gargas Familie zum Opfer fallen und der schließlich mit Shlinks Tod endet. Die ganze Auseinandersetzung erweist sich allmählich als ungewöhnlicher Versuch einer Kontaktaufnahme, mit dem Shlink, von dem die Initiative ausgeht, Einsamkeit und Sprachlosigkeit endlich überwinden möchte. Sein Ziel ist also der Kampf selbst, nicht etwa der Sieg über den Gegner. Indes muss auch dieser Versuch scheitern, wie Shlink resigniert feststellt: »Die unendliche Vereinzelung des Menschen macht eine Feindschaft zum unerreichbaren Ziel« (1, S. 491). Nicht einmal als Gegner können sich die modernen Großstadtbewohner noch nahe kommen.

1924/25 schrieb Brecht die erste Fassung von ***Mann ist Mann***, das er im Untertitel als »Lustspiel« bezeichnete. Das Stück spielt in Indien in den Kreisen der britischen Kolonialarmee und zeigt in teilweise grotesker Form, wie der brave, ein wenig beschränkte Packer Galy Gay zu einem Soldaten namens Jeraiah Jip ›ummontiert‹ wird und sich daraufhin in rasantem Tempo zu einer wahren Kampfmaschine entwickelt. Führt Galy Gays Schicksal den Verlust der Individualität und die fast unbegrenzte Formbarkeit des Menschen vor, so entwirft Brecht mit dem Sergeanten Fairchild, genannt Blody Five, eine Gegenfigur, die sich verbissen an ihre Identität klammert – mit makabren Folgen: Um seine sexuellen Begierden loszuwerden, die sein Selbstverständnis als ›harter‹ Soldat gefährden, kastriert sich Fairchild schließlich selbst. Galy Gays Verwandlung wird in der Erstfassung des Stückes noch durchaus positiv gewertet und lässt sich als kritische Spitze gegen das in Brechts Augen überholte bürgerliche Ideal der unverwechselbaren, einmaligen und stabilen Persönlichkeit verstehen. Als der Autor das Stück in späteren Jahren bearbeitete, verschoben sich jedoch die Akzente, da Brecht jetzt, nicht zuletzt unter dem Eindruck des Faschismus und seiner rücksichtslosen Vereinnahmung des Einzelnen, dazu neigte, die restlose Auflösung des Individuums in der Masse eher skeptisch zu beurteilen.

1927 machte Brecht die Bekanntschaft des Komponisten Kurt Weill, der auf der Grundlage der *Mahagonnygesänge*, die soeben in Brechts

Hauspostille erschienen waren, ein Songspiel verfasste. Aus der engen Zusammenarbeit der beiden Künstler gingen in den folgenden Jahren zwei größere Opern hervor, die in der Spätphase der Weimarer Republik außerordentliche Publikumserfolge wurden. Die Erstfassung von ***Aufstieg und Fall der Stadt Mahagonny*** lag bereits 1927 vor, doch die Komposition wurde erst zwei Jahre später vollendet. Die Oper setzt sich aus locker aneinandergefügten Szenen zusammen, in die zahlreiche Songs integriert sind. Zwei Handlungsstränge lassen sich unterscheiden: Zum einen wird die Geschichte der Stadt Mahagonny von ihrer Gründung durch eine Handvoll flüchtiger Verbrecher bis zu ihrem Untergang erzählt, zum anderen geht es um das Schicksal von Paul Ackermann, der als Holzfäller in Alaska ein entbehrungsreiches Leben geführt hat und nun mit einigen Freunden auf der Suche nach Genuss und Erfüllung nach Mahagonny kommt, wo er schließlich den Tod findet. Nicht ganz einfach ist die Deutung der titelgebenden Stadt. Mahagonny trägt nämlich anfangs durchaus Züge eines utopischen Ortes, der eine Zuflucht vor den Zwängen der modernen Lebenswirklichkeit bietet, wird später aber selbst mehr und mehr zum satirisch verzerrten Spiegelbild eben dieser kapitalistischen Wirklichkeit, in der für Geld alles zu bekommen ist, während der Mangel an Geld das schlimmste Verbrechen darstellt: Paul Ackermann wird zum Tode verurteilt, weil er sein gesamtes Vermögen eingebüßt hat, was ihn nach den in Mahagonny geltenden Maßstäben auch das Recht auf Leben kostet.

Mit der ***Dreigroschenoper***, die 1928 ihre Uraufführung erlebte, gelang Brecht – in Kooperation mit Weill – sein populärstes Werk, dessen Erfolg bis heute anhält. Schon bei den Zeitgenossen wurden die zahlreichen eingefügten Songs besonders bekannt, und zwar dank ihrer Verbreitung durch Einzelausgaben und Schallplatteneinspielungen auch unabhängig von der Oper. Als Vorlage diente die 1728 uraufgeführte *Beggar's Opera* von John Gay, die 1920 in England mit großer Resonanz wieder aufgenommen worden war; auch Gay hatte übrigens schon lyrische Partien in die Handlung integriert. Einige Gedichte von François Villon baute Brecht ebenfalls in deutscher Übersetzung in sein Werk ein, was ihm Plagiatvorwürfe des Kritikers Alfred Kerr eintrug. Der Streit, der sich daran entzündete, vergrößerte indes nur den Bekanntheitsgrad der Oper. Ohnehin gehörte die produktive Anverwandlung vorhandenen Materials immer zu den selbstverständlichen Arbeitsprinzipien Brechts, der sich im Zusammenhang mit der *Dreigroschenoper* offen zu seiner »Laxheit in Fragen geistigen Eigentums« bekannte (21, S. 316).

Im Mittelpunkt der Oper steht der Kampf zwischen zwei Männern, die jeweils eine eigentümliche Spielart der verbrecherischen Geschäftemacherei repräsentieren. Der Raubmörder und Einbrecherkönig Macheath, genannt Mackie Messer, strebt nach fester bürgerlicher Etablierung durch Verfeinerung seiner kriminellen Praktiken; als Fernziel schwebt ihm der Einstieg in das noblere und zugleich lohnendere Bankgeschäft vor. Sein Gegenspieler Peachum organisiert das Bettlerwesen in London, um aus dem Elend der Armen wie aus dem Mitleid der Bessergestellten Profit zu schlagen. Zum Konflikt kommt es, als Peachums Tochter Polly gegen den Willen ihrer Eltern Macheath heiratet. Peachum versucht daraufhin, seinen Kontrahenten an den Galgen zu bringen, aber in einem demonstrativ künstlich und unwirklich gestalteten Finale entgeht Macheath dem Tod und wird wieder mit Polly vereint. Bürger und Verbrecher, Kapitalisten und Räuber unterscheiden sich nicht erkennbar voneinander – das ist die Kernaussage der *Dreigroschenoper*, die zudem in höchst desillusionierender Weise zeigt, wie Gefühle und ethische Werte stets zugunsten der materiellen Bedürfnisse und Interessen zurückstehen müssen: »Erst kommt das Fressen, dann kommt die Moral« (2, S. 284).

Brecht vermittelt diese Einsichten in einer außerordentlich kunstvollen Form, die vor allem durch die Kombination verschiedenster Sprachebenen geprägt ist: Der hohe Ton des Pathos, die ironische gebrochene Sprache kitschiger Sentimentalität und der vulgäre Gossenjargon verfremden und entlarven sich gegenseitig. Dazu passt die Verknüpfung unterschiedlicher gesellschaftlicher Milieus, die den Londoner Polizeichef Brown – er ist ein guter Freund und Geschäftspartner von Mackie Messer – als Repräsentanten der Herrschenden und die bürgerliche Familie Peachum ebenso einbezieht wie die um Macheath versammelten Verbrecher und die Huren von Turnbridge. Gerade der enorme Erfolg des Werkes stimmte Brecht freilich misstrauisch. Er bewies nämlich, dass beträchtliche Teile der bürgerlichen Gesellschaft den gezielten Tabubruch, das Verruchte und Anrüchige, also das Anti-Bürgerliche im weitesten Sinne durchaus ästhetisch genießen konnten, so dass die angestrebte Provokation ins Leere stieß – die *Dreigroschenoper* wurde gewissermaßen ›kulinarisch‹ vereinnahmt. Als der Autor den Stoff im Exil in seinem *Dreigroschenroman* (1934) noch einmal aufgriff, nahm er erhebliche Veränderungen vor, die derartigen Missverständnissen vorbeugen sollten.

In den folgenden Jahren entwickelte Brecht unter dem Eindruck seiner Marxismus-Studien und im Sinne eines verstärkten didaktischen und gesellschaftskritischen Engagements den neuartigen Spieltypus des Lehrstücks. Zu den **Lehrstücken** rechnet man für gewöhnlich *Der Flug der Lindberghs* (die verschiedenen Fassungen dieses Hörspiels tragen unterschiedliche Titel), das *Lehrstück* (später: *Das Badener Lehrstück vom Einverständnis*), *Der Jasager* und *Der Neinsager*, *Die Maßnahme*, *Die Ausnahme und die Regel* sowie *Die Horatier und die Kuriatier*. Diese Werke haben zwar jeweils einen ganz individuellen Charakter, weisen aber doch wichtige Gemeinsamkeiten auf, die die Zusammenfassung zu einer Gruppe rechtfertigen, auch wenn Brecht niemals eine geschlossene, systematische ›Theorie‹ des Lehrstücks aufgestellt hat. Eine wichtige Anregung für die Lehrstücke ging von der Gebrauchsmusikbewegung in der Weimarer Republik aus, die sich darum bemühte, der oftmals recht esoterischen modernen Musik breitere Resonanz zu verschaffen, beispielsweise über den Rundfunk, und sie in der Lebenspraxis zu verankern, etwa durch die Einbeziehung von Laienmusikern. So arbeitete Brecht bei den meisten Lehrstücken eng mit Komponisten wie Paul Hindemith, Kurt Weill und Hanns Eisler zusammen und räumte der Musik den gleichen Stellenwert ein wie der Textvorlage. Seine politisch und gesellschaftlich begründeten Absichten gingen indes weit über die Ziele der Gebrauchsmusikbewegung hinaus: Die Lehrstücke sollten eine umfassende erzieherische Wirkung entfalten. Einige von ihnen stehen daher auch unmittelbar mit Schule und Pädagogik in Verbindung; den *Jasager* bezeichnete Brecht als »Schuloper«, *Die Horatier und die Kuriatier* als »Lehrstück für Kinder«.

Der Autor war aber nicht nur daran interessiert, belehrende *Inhalte* zu vermitteln, vielmehr wollte er mit den Lehrstücken die Zuschauer aus der Rolle passiver Rezipienten herauslocken und zu Mitwirkenden machen. Das Lernen sollte sich in der aktiven Teilhabe an der Produktion vollziehen, ein Publikum im herkömmlichen Sinne wurde eigentlich gar nicht mehr benötigt. Damit vollzog Brecht einen schroffen Bruch mit den konventionellen Formen des Theaters; sein Ziel war es letztlich, diesen kulturellen ›Apparat‹ zu einer völlig neuen Stätte der kollektiven Produktion und des Lernens umzubauen. Da die Stücke für Laienschauspieler und -musiker gedacht waren, sind Text und Musik verhältnismäßig einfach gehalten. Brechts Lehrstücke streben keine Realitätsillusion an, sondern verleihen ihrer stark reduzierten Handlung modellhafte Züge, womit sie sich der traditionsreichen Form des Gleichnisses oder der Parabel nähern. Brecht tat alles, um das kritische Nachdenken sämtlicher Beteiligten zu fördern; so sind Chöre, die das vorgeführte Geschehen distanziert kommentieren und bewerten, ein zentraler Bestandteil mehrerer Lehrstücke. Durch das hohe Maß an Stilisierung und Zuspitzung entfalten die Stücke vielfach eine provozierende Wirkung, die sich schon in den Reaktionen der Zeitgenossen niederschlug, aber auch noch die wissenschaftliche Rezeption der Texte prägte. Besonders die (vermeintliche) Legitimation des Tötens im Interesse übergeordneter Ziele in *Der Jasager* und *Die Maßnahme* hat scharfe Kontroversen hervorgerufen.

Das Hörspiel *Der Flug der Lindberghs* entstand 1929, wurde aber in der Folgezeit noch mehrfach überarbeitet. Im Mittelpunkt steht die Pionierleistung Charles Lindberghs, der zwei Jahre zuvor als erster mit seinem Flugzeug den Atlantik überquert hatte, eine Großtat, die das Hörspiel als Zeugnis für den inzwischen erreichten hohen Stand menschlicher Naturbeherrschung wertet. Brecht sah vor, dass bei der Ausstrahlung der Hörer selbst den Part des Lindbergh sprechen und damit zum Mit-Produzenten werden sollte. Auf diese Weise gedachte er die Passivität zu durchbrechen, der ein Radiohörer normalerweise ausgeliefert bleibt. Das *Lehrstück*, das gleichfalls 1929 geschrieben und 1930 umgearbeitet und erweitert wurde, kann als Pendant zum *Flug der Lindberghs* gelten. Hier geht es – in Anspielung auf den 1927 ums Leben gekommenen Charles Nungesser – um einen gescheiterten, abgestürzten Flieger und im weiteren Sinne um das Verhältnis des Individuums zum Kollektiv, zur Gesellschaft. Das Stück verzichtet auf eine zusammenhängende Handlung und rückt statt dessen die Auseinandersetzung zwischen dem Flieger und dem Chor, der die Gemeinschaft verkörpert, in den Vordergrund. Es propagiert die Notwendigkeit einer Eingliederung in das Kollektiv durch die Selbstaufgabe des Einzelnen, die im bildlich zu verstehenden Motiv des Sterbens ausgedrückt wird. Der Flieger, der auf seinem individualistischen Geltungsdrang beharrt und diese Form des ›Sterbens‹ verweigert, wird von der Gemeinschaft ausgestoßen und der Vergessenheit überantwortet. Auch aus dem *Lehrstück* wollte Brecht eine »kollektive Kunstübung« (24, S. 90) machen, indem er dem Publikum Teile der Chorpartien zuwies und es damit in die Aufführung einbezog.

Die didaktische Ausrichtung des 1929/1930 verfassten *Jasagers* geht schon aus dem Untertitel »Schuloper« hervor. Brecht ließ sich hier von einem alten japanischen Nô-Spiel anregen, das er allerdings erheblich umgestaltete. Thema des Werkes ist einmal mehr das Verhältnis zwischen dem Individuum und der Gemeinschaft, wobei letzterer der Vorrang zugestanden wird – im Konfliktfall muss das Leben des Einzelnen geopfert werden, wenn sich dies für das Kollektiv als notwendig erweist. Indes wollte Brecht diese zugespitzte These nicht isoliert stehen lassen und ergänzte den *Jasager* daher um das Gegenstück, den *Neinsager* (1931): Die Handlung ist hier in ihren Grundzügen ähnlich konstruiert, aber an die Stelle der mit dem Einverständnis aller Beteiligten – auch des Opfers! – vollzogenen Tötung treten nunmehr der begründete Widerspruch gegen falsche und überzogene Ansprüche der Gemeinschaft und die Auflösung unreflektierter Gewohnheiten durch ein kritisches Nachdenken, das sich an den Erfordernissen der konkreten Situation orientiert. Der *Neinsager* bezeugt, dass Brecht keineswegs die mechanische, gleichsam gesetzmäßige Überordnung des Kollektivs über den einzelnen Menschen befürwortete. Die beiden kleinen Stücke sind, wie schon die Titel signalisieren, eng aufeinander bezogen und müssen unbedingt zusammengesehen werden, weil sich nur durch die unterschiedliche Beleuchtung des gemeinsamen Problemfelds dessen ganze Komplexität erschließt.

Die Maßnahme, 1930 entstanden und im folgenden Jahr gründlich bearbeitet, ist das bekannteste und umstrittenste Lehrstück Brechts. Es behandelt einen modellhaft zugespitzten Fall aus der praktischen revolutionären Arbeit. Vier nach China entsandte Agitatoren bemühen sich dort um die Ausbreitung des Kommunismus, sehen sich dabei aber gezwungen, einen jungen Genossen zu opfern, der – bei besten Absichten – durch mangelnde Disziplin und übermäßige Emotionalität die gemeinsame Mission gefährdet. Diese Geschehnisse werden jedoch nicht direkt auf die Bühne gebracht, sondern im Rückblick geschildert: Nach dem erfolgreichen Abschluss ihrer Tätigkeit heimgekehrt, rechtfertigen sich die Agitatoren vor einem »Kontrollchor«, der die »Partei« repräsentiert, für die Tötung des Genossen, indem sie die Vorgänge durch Bericht und szenische Darstellung wiedergeben. Eine solche ›Spiel im Spiel‹-Konstruktion schafft von vornherein Distanz und macht das Handeln der Agitatoren wie auch das des jungen Genossen der kritischen Beurteilung zugänglich. Vorausgesetzt ist die Notwendigkeit einer grundlegenden Veränderung der kapitalistischen Gesellschaftsordnung durch revolutionäre Gewalt. Das wesentliche Lernziel der *Maßnahme* besteht aber in der Einsicht, dass bloßes Mitgefühl mit den Unterdrückten und punktuelle Hilfe in Einzelfällen wirkungslos bleiben und die individuellen Gefühlsregungen daher im Interesse des höheren Ziels zurückgedrängt werden müssen, das nur von einem organisierten Kollektiv – der Partei – erreicht werden kann. Das Stück, das unter Mitwirkung von Arbeiterchören uraufgeführt wurde, gab seit jeher Anlass zu heftigen Diskussionen um die Problematik des politisch motivierten Mordes.

1930/31 schrieb Brecht *Die Ausnahme und die Regel*, ein Lehrstück über ungerechte soziale Verhältnisse und die entsprechende Klassenjustiz, die den Interessen der Besitzenden dient. Die schlichte Handlung, das begrenzte Figurenpanorama – es agieren hauptsächlich ein Kaufmann und ein von ihm engagierter Träger – und die sehr weit getriebene Typisierung der Gestalten betonen die Modellhaftigkeit, den Parabelcharakter des Stückes. Ähnliches gilt für das letzte Lehrstück Brechts, *Die Horatier und die Kuriatier*, das 1935, also schon im Exil, entstand. Im Rückgriff auf eine von Titus Livius überlieferte sagenhafte Episode aus der römischen Frühgeschichte schildert es einen stark stilisierten militärischen Konflikt, an dessen Beispiel die gesellschaftlichen und taktischen Voraussetzungen eines Erfolges aufgedeckt werden.

Deutlich belehrend ausgerichtet ist auch das Stück ***Die Mutter***, das Brecht 1931 in Zusammenarbeit mit dem Autor Günther Weisenborn und dem Komponisten Hanns Eisler nach der Vorlage des gleichnamigen Romans von Maksim Gorkij (1906/7) schrieb. Gleichwohl kann dieses vergleichsweise umfangreiche Werk nicht zu den eigentlichen Lehrstücken gerechnet werden, da hier professionelle Schauspieler notwendig sind und zudem die musikalischen Elemente in ihrer Bedeutung klar hinter dem Text zurücktreten. Nachgezeichnet wird der Werdegang der Titelfigur, der russischen Proletarierin Pelagea Wlassowa, in den Jahren vor der Oktoberrevolution von 1917. Wlassowa ist anfangs durchaus unpolitisch und lediglich daran interessiert, für ihren Sohn Pawel zu sorgen und ihn zu schützen. Mit der Zeit sieht sie jedoch ein, dass nur eine gänzliche Umwälzung der sozialen Ordnung dem Elend der Arbeiter abhelfen kann: Die Liebe zum Sohn und die Pflichten einer Mutter führen sie unter den Bedingungen einer rigiden Klassengesellschaft zwangsläufig zum politischen Engagement. So findet Wlassowa in einem exemplarischen Lernprozess zur Solidarität mit ihrer Klasse, eignet sich das notwendige Wissen an und setzt es zugleich im Dienste der kommunistischen Partei praktisch um. Am Ende ist aus der Mutter des Arbeiters Pawel eine Symbolfigur der revolutionären Bewegung, gewissermaßen eine ›Mutter aller Arbeiter‹ geworden.

In den Jahren von 1929 bis 1931, also parallel zu den meisten Lehrstücken, entstand auch ***Die heilige Johanna der Schlachthöfe***, eines der komplexesten Werke Brechts. Der Autor hatte sich schon seit längerer Zeit mit ökonomischen Fragen befasst, wobei ihn besonders die Verhältnisse in den USA, dem am weitesten entwickelten kapitalistischen Land, sowie das Treiben an der Börse interessierten. Mehrere dramatische Projekte, die um diese Themen kreisten, wurden nicht ausgeführt, aber die

Vorarbeiten kamen dem *Johanna*-Stück zugute. Die Handlung ist in Chicago, einer der wichtigsten amerikanischen Wirtschaftsmetropolen, angesiedelt und, anders als bei den meisten Stücken Brechts, recht vielschichtig angelegt: Sie verknüpft mehrere Stränge und thematische Schwerpunkte miteinander, was sich unter anderem in zahlreichen Schauplatzwechseln manifestiert. Die Vorgänge, in deren Mittelpunkt die großen Schlachthöfe von Chicago stehen, spielen sich im Winter ab, und die Bildfelder des Schlachtens und der Kälte durchziehen den ganzen Text; sie illustrieren den Zustand einer erbarmungslosen, von Gewalt beherrschten Welt. Auf der höheren Ebene der Handlung agiert Pierpont Mauler, einer der großen Schlachthof-Besitzer und Büchsenfleisch-Fabrikanten, dem es durch mancherlei Manipulationen gelingt, seine sämtlichen Konkurrenten auszuschalten und ein Monopol auf dem Fleischmarkt zu errichten. Ihm stehen die ausgebeuteten und ständig von Entlassung bedrohten Arbeiter gegenüber, deren Schlechtigkeit und Gier Mauler moralisch verurteilt, während das Stück sie auf den Zwang von Armut und Not zurückführt. Als mögliche Form einer organisierten Gegenwehr der Unterdrückten deutet sich der Generalstreik an, der freilich (vorerst) fehlschlägt. Eine dritte Gruppe von Figuren bilden schließlich die Schwarzen Strohhüte, eine an das Vorbild der Heilsarmee angelehnte religiöse Hilfs- und Fürsorge-Einrichtung, die die Armen mit warmer Suppe und frommen Sprüchen beglückt, ohne damit freilich etwas an ihrer Lage zu ändern.

Johanna Dark, die Titelgestalt des Stückes, gehört zu den Strohhüten, sagt sich aber im Zuge eines Lernprozesses, der durch die Begegnung mit Mauler und die Konfrontation mit den leidenden Arbeitern in Gang gebracht wird, von ihnen los. Sie durchschaut die Religion allmählich als ein perfides Mittel zur ideologischen Stabilisierung des gesellschaftlichen Machtgefüges: Indem man die Benachteiligten auf ein besseres Jenseits vertröstet, versöhnt man sie mit dem erlittenen Unrecht und hält sie vom Aufbegehren ab. Da die Strohhüte also im Grunde lediglich eine religiöse Verbrämung und Legitimation der ausbeuterischen Klassenordnung liefern, werden sie am Ende von den Besitzenden als nützliche Hilfstruppe willkommen geheißen; Mauler und seine Spießgesellen übernehmen ihre künftige Finanzierung. Johanna hat unterdessen erkannt, dass auch moralische Appelle an Maulers Gewissen keine Änderung herbeiführen und das Heil einzig in einem gewaltsamen Umsturz, in einer revolutionären Änderung der bestehenden Verhältnisse liegen kann: »Es hilft nur Gewalt, wo Gewalt herrscht, und / Es helfen nur Menschen, wo Menschen sind« (3, S. 224). Ihre Einsichten werden jedoch von den Kapitalisten und den Strohhüten mit vereinten Kräften verleugnet, ihre Anklagen buchstäblich übertönt: In parodistischer Anspielung auf Schillers Drama *Die Jungfrau von Orleans* wird die sterbende Johanna abschließend feierlich als Schutzheilige der wieder gefestigten ungerechten sozialen und ökonomischen Ordnung kanonisiert.

Das teils in Prosa, teils in Versen abgefasste Stück enthält nicht nur in der Schlussszene eine Fülle von Klassikeranspielungen. Sie ironisieren die Legitimationsfunktion, die das klassische Erbe für die bürgerliche Gesellschaft erfüllte, und das Streben nach Harmonie und Versöhnung, das beispielsweise im Finale von Schillers Drama auch dem Tod noch einen höheren Sinn abgewinnt – bei Brecht wirken die Zitate durch den Kontrast zum dargestellten Geschehen stets verfremdet, und unter der heuchlerischen Versöhnung des Schlusses bleiben die fortdauernden gesellschaftlichen Widersprüche nur allzu deutlich sichtbar. Bemerkenswert ist an der *Heiligen Johanna* übrigens auch das psychologische Interesse, das die beiden Hauptfiguren in einem für Brechts Stücke recht ungewöhnlichen Maße auf sich ziehen. Obwohl Johanna Dark und Pierpont Mauler offenkundig voneinander fasziniert sind, gelingt niemals eine wirkliche Verständigung zwischen ihnen. Zwar sind die Gewissensnöte, in die Mauler unter Johannas Einfluss bisweilen gerät, keineswegs nur gespielt, aber letztlich vertragen sie sich doch stets erstaunlich gut mit seinen ökonomischen Interessen: Auch der Kapitalist ist im Grunde ein Gefangener seiner Stellung und kann deren Zwängen nicht entrinnen.

Literaturhinweise:

- Brecht-Handbuch in fünf Bänden. Hrsg. von Jan Knopf. Bd. 1: Stücke. Stuttgart, Weimar 2001.
- Krabiel, Klaus-Dieter: Brechts Lehrstücke. Entstehung und Entwicklung eines Spieltyps. Stuttgart, Weimar 1993.
- Völker, Klaus: Brecht-Kommentar zum dramatischen Werk. München 1983.

3 Das epische Theater

Brecht ist der Schöpfer eines neuen, ›epischen‹ Theaterkonzepts, das er auch als ›nicht-aristotelisches‹ und in seinen späteren Jahren meist als ›dialektisches Theater‹ bezeichnete. Es handelt sich dabei freilich nicht um ein systematisch ausgearbeitetes Theoriegebäude, sondern um eine Fülle von Überlegungen und Ansätzen, die miteinander in Verbindung stehen und um bestimmte Kernideen und -begriffe kreisen. So ist es auch kein Zufall, dass Brecht, der seit der zweiten Hälfte der zwanziger Jahre über das epische Theater nachdachte, seine Vorstellungen nie in einer umfassenden und endgültigen Version schriftlich fixiert hat. Zwar begann er 1939 mit der Arbeit an einem großen Projekt unter dem Titel *Der Messingkauf*, das die Grundzüge des epischen Theaters in Form von Gesprächen zwischen einem Philosophen und einigen Theaterpraktikern darlegen und darüber hinaus auch lehrhafte Gedichte, Spielszenen und selbständige Essays enthalten sollte. Dieses Werk blieb jedoch unvollendet, obwohl Brecht sich noch in seinen letzten Lebensjahren gelegentlich damit beschäftigte. So wird das neue Theatermodell, von den umfangreichen *Messingkauf*-Fragmenten einmal abgesehen, hauptsächlich in zahlreichen kleineren Aufsätzen, Anmerkungen und Notizen Brechts entwickelt, unter denen der Text mit dem Titel *Über experimentelles Theater*, der vom Verfasser selbst als einführender Vortrag konzipiert war, wohl den besten knappen Überblick über die Theorie bietet. Daneben ist insbesondere das *Kleine Organon für das Theater* zu nennen, eine verhältnismäßig umfangreiche Schrift, die gewissermaßen einen Extrakt aus dem Material des *Messingkaufs* darstellt. Sie wurde 1948 nach Brechts Rückkehr aus den USA im Hinblick auf die künftige praktische Theaterarbeit in Berlin verfasst und sollte die Schauspieler mit der Idee des epischen Theaters vertraut machen. Auch das *Organon* eignet sich sehr gut als Einführung, obwohl es keineswegs alle Aspekte der Brechtschen Überlegungen behandelt.

Die Leitlinien von Brechts Konzept lassen sich ohne Schwierigkeiten rekonstruieren. Grundlegend für das epische Theater ist die Abgrenzung von einem anderen, als ›aristotelisch‹ oder ›dramatisch‹ bezeichneten Theatermodell. Die wichtigsten Merkmale beider Formen konfrontiert Brecht in seinen *Anmerkungen zur Oper »Aufstieg und Fall der Stadt*

Mahagonny« in tabellarischer Form miteinander (24, S. 78f.). Allerdings kann diese plakative Gegenüberstellung leicht zu Missverständnissen führen, und so hat Brecht die Tabelle auch mit einer Anmerkung versehen, die betont, dass es hier nicht um »absolute Gegensätze«, sondern lediglich um »Akzentverschiebungen« gehe. Ohnehin ist das sogenannte aristotelische Theater im wesentlichen eine Konstruktion Brechts, ein negativer Gegenentwurf, der ihm die Profilierung der eigenen Position erleichterte. Es trägt zwar viele Züge des naturalistischen Theaterstils, der ganz auf perfekte Illusion und auf die emotionale Einfühlung des Zuschauers setzt, entspricht aber, aufs Ganze gesehen, doch eher einer bildungsbürgerlichen Klischeevorstellung von Theater als irgendeiner reflektierten theoretischen Konzeption, die in der Literatur- und Theatergeschichte wirklich existiert hätte. Übrigens wollte Brecht keineswegs alle bisher existierenden Formen des Theaters pauschal abqualifizieren. Er berief sich für sein episches Theater selbst auf eine Reihe von Vorbildern, die zum Teil außer-europäischen Traditionen entstammten. So war er beispielsweise ein großer Bewunderer des chinesischen Theaters.

Ganz besonders betonte Brecht jedoch die Anknüpfung des epischen Theaters an die alltägliche Lebenspraxis, in der es bereits entsprechende Formen des theatralischen Spiels gebe, die eigentlich nur weiter ausgebaut und künstlerisch perfektioniert werden müssten. In diesem Sinne präsentiert der kleine Aufsatz *Die Straßenszene* das »Grundmodell einer Szene des epischen Theaters« (so der Untertitel). Sein Gegenstand ist »ein Vorgang, der sich an irgendeiner Straßenecke abspielen kann: der Augenzeuge eines Verkehrsunfalls demonstriert einer Menschenansammlung, wie das Unglück passierte« (22.1, S. 371). Dabei handelt es sich nach Brechts Überzeugung schon um ein »Beispiel epischen Theaters«, das, wenn auch in »primitivster Art«, alle notwendigen Elemente dieser Spielform enthält. Der Augenzeuge verfolgt einen bestimmten Zweck mit seiner Darbietung – er will, indem er den Hergang des Unfalls für die Umstehenden reproduziert, dessen Ursachen aufdecken. Deshalb geht es ihm nicht darum, bei den Zuschauern die Illusion zu wecken, sie sähen das Ereignis soeben noch einmal vor sich; vielmehr lässt er keinen Zweifel daran, dass er den Ablauf in belehrender Absicht wiederholt, um ihn für sie durchschaubar und verständlich zu machen. Er kann dazu wichtige Details des Hergangs eigens hervorheben und seine Darstellung, soweit es nötig ist, mit erläuternden Kommentaren begleiten. Indem der Zeuge den Unfall nachspielt, möchte er den Zuschauern eine kritische Begutachtung des Vorfalls und seiner Kausalzusammenhänge ermöglichen; folglich richtet er alle Mittel und Verfahrensweisen seiner schauspielerischen Darbietung streng auf dieses Ziel aus.

Sicherlich ist die vermeintliche Alltagsbegebenheit, die Brecht hier schildert, in Wirklichkeit im Hinblick auf ihre Demonstrationsfunktion für die Theatertheorie erdacht und stilisiert worden. Sie erfüllt aber ihre Aufgabe, lässt sie doch tatsächlich bereits die wesentlichen Charakteristika und Absichten des epischen Theaters erkennen. Auch das epische Theater verfolgt vorrangig belehrende, aufklärerische Ziele und möchte Einsichten in Vorgänge aus dem zwischenmenschlichen, gesellschaftlichen Bereich vermitteln. Die Notwendigkeit einer solchen Theaterform leitet Brecht aus der historischen Entwicklung der letzten Jahrhunderte ab, die er unter dem Begriff des ›wissenschaftlichen Zeitalters‹ zusammenfasst. In diesem Zeitraum habe sich die Macht des Menschen über die Natur durch die stürmischen Fortschritte von Wissenschaft und Technik gewaltig vergrößert, doch sei das Leben dadurch keineswegs leichter und angenehmer geworden – die Strukturen des menschlichen Zusammenlebens, also die gesellschaftlichen Verhältnisse, seien nämlich *nicht* zum Gegenstand wissenschaftlicher Analyse gemacht worden und weitgehend undurchschaut und unkontrollierbar geblieben. Nach Brechts Auffassung stehen daher die meisten Menschen den Auswirkungen sozialer Strukturen und Prozesse, den vielfältigen Ungleichheiten und Ungerechtigkeiten, noch heute ebenso rat- und hilflos gegenüber wie ihre Vorfahren den ungezähmten Naturgewalten, und die phänomenalen wissenschaftlichen und technischen Errungenschaften wenden sich nur allzu oft als Mittel der Ausbeutung und der Zerstörung gegen sie. In Brechts Augen hat erst der Marxismus damit begonnen, auch die gesellschaftlichen Zustände wissenschaftlich zu durchleuchten, und nur ein Theater, das sich auf diese Bemühungen stützt und sie selbst wiederum fördert, kann dem ›wissenschaftlichen Zeitalter‹ wirklich angemessen sein. Indem es die künstlerische Darstellung auf die aktuelle Höhe der (marxistischen) Gesellschaftstheorie hebt, soll das epische Theater die strenge Trennung von Kunst und Wissenschaft überwinden.

Das neue Theater, das Brecht vorschwebt, hat demnach zum Ziel, die Sphäre der gesellschaftlichen Verhältnisse dem Verständnis des Zuschauers zugänglich zu machen und auf diesem Wege letztlich auch seiner Kontrolle und seinem zielgerichteten Eingreifen zu unterwerfen: Die soziale Welt soll, wie schon seit langem der Bereich der natürlichen Gegebenheiten, Gegenstand einer sinnvollen menschlichen Praxis werden. Die auf der Bühne dargebotenen Nachahmungen menschlicher Handlungen und Lebensweisen müssen mithin so gestaltet sein, dass sie deren Regeln und Gesetzmäßigkeiten zutage fördern. Das epische Theater bietet *praktikable Modelle* von Wirklichkeit und leistet damit für die Zuschauer, wenn auch in größerem Maßstab, prinzipiell dasselbe wie der Unfallzeuge in der Straßenszene für sein Publikum. Eine Kunst, die solche Modelle schafft, statt etwa nur detailgetreu die unmittelbar sichtbare Oberfläche eines Wirklichkeitsausschnitts nachzubilden, nennt Brecht eine wahrhaft realistische, und sämtliche künstlerischen Strategien seines epischen Theaters leitet er von dieser Zielsetzung ab.

Ganz andere Absichten und Funktionen unterstellt er dem aristotelischen Theater, das gerade deshalb seiner Kritik verfällt, weil es nicht auf der Höhe des ›wissenschaftlichen Zeitalters‹ steht. Werke nach dem aristotelischen Muster schaffen, wenn man Brechts Argumentation folgt, in erster Linie eine Fluchtwelt für den von sozialen und ökonomischen Zwängen bedrängten Zuschauer; sie bieten ihm bequeme Möglichkeiten, sich unverbindlich zu unterhalten und die Konflikte seiner alltäglichen Existenz für eine Weile zu vergessen. Das Theatererlebnis wirkt hier wie ein Rauschmittel, hat geradezu hypnotischen Charakter und versetzt die Rezipienten in einen Zustand vollkommener Passivität. Theoretisch gerechtfertigt wird eine solche Kunstrichtung durch eine Autonomieästhetik, die das künstlerische Gebilde aus allen konkreten Lebenszusammenhängen löst und mit einer Aura des Erhabenen und Weihevollen umgibt. Zwischen der normalen Lebenswelt und dem zum Musentempel erhöhten Theater gibt es keinen Austausch, beide Sphären bleiben streng voneinander getrennt.

Das epische Theater nimmt genau die entgegengesetzte Position ein, indem es sich die Behandlung gesellschaftlicher Fragen zur Hauptaufgabe macht. Untersuchung und Kritik sollen im Theater Einzug halten. Statt die Erfahrungen und Probleme seines Alltags hinter sich zu lassen, wird der Zuschauer direkt mit ihnen konfrontiert, aber in einer Art und Weise, die ihm tiefere Einsichten eröffnet, aus denen er wiederum praktische Verhaltensregeln ableiten kann. Indes möchte Brecht aus dem Theater durchaus keine nüchterne Lehranstalt machen, die bloß eine notdürftig künstlerisch verpackte Gesellschaftstheorie vermittelt. In Anlehnung an eine Forderung des römischen Dichters Horaz strebt er in Theorie und Praxis nach einer Kunst, die sowohl nützlich als auch unterhaltsam ist, also nach einer *genussvollen* Belehrung des Publikums. Dass Lehren, Lernen und Wissenserwerb vergnügliche Tätigkeiten sind, gehört zu seinen Grundüberzeugungen; die Titelgestalt des *Galilei*-Stücks zeigt dies besonders eindrucksvoll. Das epische Theater spricht somit den ganzen Menschen an, auch seine emotionalen Fähigkeiten. Vernunft und Sinnlichkeit, Geist und Gefühl sollen ihren Teil zu einem umfassenden Lernprozess beitragen.

Da Brechts Theater an einer kritischen Diagnose der gesellschaftlichen Zustände interessiert ist, wendet es sich vorrangig an jene sozialen Schichten, bei denen am ehesten vergleichbare Interessen erwartet werden können, also an die benachteiligten und unterdrückten, im wesentlichen an das Proletariat. Statt das von der bürgerlichen Kunstauffassung so oft beschworene, vermeintlich zeitlose ›Allgemeinmenschliche‹ vorzuführen, das in Brechts Augen nur die tatsächlich bestehenden Klassengegensätze ideologisch verdeckt, ist das epische Theater offen parteilich und engagiert sich, ganz im Sinne des Marxismus, für Veränderungen der gesellschaftlichen Ordnung zugunsten der Ausgebeuteten.

Daraus folgt, dass Stücke des epischen Theaters den Rezipienten in eine völlig andere Haltung versetzen wollen als die Werke der aristotelischen Richtung. Letztere zielen auf Einfühlung des Zuschauers ab, der sich mit den Figuren des Dramas emotional identifizieren soll und im Idealfall buchstäblich gebannt auf die Bühne starrt. Die Konsequenzen sind nach Brechts Ansicht fatal: Dem Publikum fehlt nun jegliche Distanz zu der dargebotenen Handlung und zu den Figuren, und so wird es das Geschehen als selbstverständlich und unabänderlich, die Gefühle und Aktionen der Protagonisten als allgemein menschlich und zeitlos gültig hinnehmen. Demgegenüber tut das epische Theater alles, um einen heilsamen Abstand zwischen dem Zuschauer und dem Bühnengeschehen aufrecht zu erhalten, der die unabdingbare Voraussetzung für kritisches Nachdenken darstellt. Das Publikum soll gerade nicht willig aufnehmen, was man ihm vorsetzt, es wird vielmehr zur produktiven Mitwirkung an dem Erkenntnisprozess aufgefordert, den Brechts Theater in Gang bringen möchte. Statt gefühlsmäßig mit den Dramenfiguren zu verschmelzen und alle Vorgänge aus ihrer Perspektive mitzuerleben, soll der Zuschauer die Distanz eines ruhigen Beobachters wahren, das Verhalten der Figuren und seine Ursachen sorgfältig abwägen und dadurch auch Möglichkeiten des verändernden Eingreifens in gesellschaftliche Zusammenhänge und Bedingungen menschlichen Handelns entdecken. Das epische Theater will sein Publikum, mit einem Wort, nicht betäuben, sondern wachrütteln.

Den beiden Theaterformen liegen nicht nur sehr unterschiedliche Auffassungen von der Kunst, sondern auch jeweils ganz eigentümliche Welt- und Menschenbilder zugrunde. Das aristotelische Theater sieht seine Figuren entweder einem undurchschaubaren, über sie verhängten

Schicksal unterworfen, wie es beispielsweise in den Tragödien der griechischen Antike herrscht, oder ihren eigenen Trieben und Leidenschaften ausgeliefert, die einer unveränderlichen Menschennatur entspringen. Auf dieser Grundlage wird die Einfühlung des Zuschauers, seine Identifikation mit den Dramenfiguren angestrebt und zugleich die Unausweichlichkeit des gezeigten Geschehens suggeriert. Das epische Theater versucht hingegen, den Menschen und sein Verhalten aus den gesellschaftlichen Bedingungen zu erklären, unter denen er lebt und agiert. Diese Bedingungen aber wandeln sich im Laufe der Geschichte und können auch vom Menschen bewusst und gezielt beeinflusst werden – damit eröffnet sich im epischen Theater eine Perspektive der Veränderung, die dem aristotelischen Modell gänzlich abgeht.

Das wichtigste Werkzeug, mit dem das epische Theater arbeitet, ist die *Verfremdung*, die mitsamt dem Verfremdungseffekt (oder V-Effekt), der sie erzeugen soll, im Mittelpunkt von Brechts theoretischen Überlegungen steht. Nach Brechts Ansicht ist die Vertrautheit, die scheinbare Selbstverständlichkeit von Phänomenen das größte Hindernis für ein wahres Verstehen und eine mögliche Veränderung. Daher kommt es ihm darauf an, zunächst einmal diese Vertrautheit aufzuheben und den fraglichen Gegenstand, sei es ein häufig anzutreffendes Denkmuster, eine übliche Verhaltensweise oder ein Element der gesellschaftlichen Ordnung, *künstlich* fremd, ungewöhnlich und erklärungsbedürftig zu machen, denn erst durch diese Operation wird er der rationalen Überprüfung und der Kritik zugänglich. Die naive Einstellung, die sich in Ansichten des Typs »Das ist eben so!« manifestiert, soll aufgebrochen und durch Staunen und Verwunderung ersetzt werden. So kann sich ein Erkenntnisprozess ergeben, der in drei Schritten von der unreflektierten Ausgangssituation über die Verfremdung zu einem neuen, aber vertieften Verständnis führt. Auf dem Theater sollen die V-Effekte dementsprechend von vornherein eine Einfühlung des Zuschauers unterbinden, die das Gezeigte als ›natürlich‹ und notwendig erscheinen lassen würde, und statt dessen eine kritisch-produktive Haltung befördern.

Als eine besonders wichtige Form der Verfremdung betrachtet Brecht die *Historisierung*. Das epische Theater zerstört die Illusion, dass die Menschen in ihrem Denken und Handeln von einer zeitlosen humanen ›Natur‹ gesteuert seien, indem es das menschliche Verhalten und die Formen des Zusammenlebens in eine historische Perspektive rückt und damit ihre grundsätzliche Wandelbarkeit sichtbar macht: Was zwischen den Figuren geschieht, die auf der Bühne des epischen Theaters erscheinen, ist von bestimmten Umständen abhängig, die prinzipiell auch anders sein könnten und jedenfalls mit der Zeit anders *werden* können. Auch und gerade gegenwärtige, zeitgenössische Verhältnisse kann das epische Theater durch künstliche Historisierung verfremden. Es deckt damit ihre Relativität und ihre Vergänglichkeit auf und entzieht der schicksalsergebenen Unterwerfung unter das Bestehende den Boden. Die Zustände verlieren den Schein des Unabänderlichen und werden der kritischen Beurteilung des Zuschauers überantwortet.

Die Bandbreite der Verfremdungseffekte, die Brecht in seinen Stücken einsetzt, ist sehr groß. Um die Vielfalt ihrer Erscheinungsformen zu systematisieren und überschaubarer zu gestalten, empfiehlt es sich, drei Ebenen zu unterscheiden, auf denen Verfremdung im epischen Theater stattfinden kann:

1. Konstruktion und Aufbau der Stücke
2. die sprachliche Gestaltung im Detail
3. die Aufführungspraxis, die die Inszenierung, das Bühnenbild, die Beleuchtung, die Musik und vor allem das Agieren der Schauspieler umfasst.

In seinen theoretischen Schriften, die teilweise als Leitfäden für die Theaterpraxis und insbesondere für die Schauspieler, die er mit der Idee des epischen Theaters vertraut machen wollte, gedacht waren, schenkt Brecht der dritten Ebene die größte Aufmerksamkeit. Die anderen sind indes nicht weniger wichtig und lassen sich durch eine Fülle von Beispielen aus seinen eigenen Stücken illustrieren.

1. Beim Bau seiner ›epischen‹ Werke verstößt Brecht immer wieder gezielt gegen die Maßstäbe klassizistischer Dramentheorien, die von einem Kunstwerk organische Geschlossenheit und Abrundung verlangen, etwa in Form jener klassischen fünfaktigen Struktur, die den Handlungsbogen streng von der Exposition über einen Höhe- und Wendepunkt bis zur abschließenden Katastrophe oder Lösung führt. Brecht billigt den einzelnen Partien seiner Stücke weitgehende Selbständigkeit zu: Sie sollen sichtbar voneinander abgegrenzt sein und Brüche und Lücken nicht verschleiern, damit das Publikum genügend Ansatzpunkte für das kritische Nachdenken und Urteilen finden kann, statt von einer gänzlich kohärenten, mitreißenden Geschehensfolge gefesselt zu werden. Demselben Prinzip folgt Brecht, wenn er innerhalb seiner Bühnenstücke unterschiedliche Kunstformen kombiniert. Text, szenisches Spiel, Musik und Bühnenbild verschmelzen gerade nicht zu einem harmonischen Gesamtkunstwerk, das den Zuschauer durch überwältigende ästhetische Wirkung in seinen Bann schlägt, sondern verfremden einander wechselseitig. Beispielsweise gehen die in viele Stücke Brechts integrierten Songs

keineswegs bruchlos aus der Handlung hervor; sie werden vielmehr deutlich von ihr getrennt und können sie so aus einer gewissen Distanz kommentieren und reflektieren.

Brecht nutzt ausgiebig die Möglichkeit, durch Texttafeln oder Projektionen Hintergrundinformationen zu dem Geschehen auf der Bühne einzubringen und dessen übergreifende Bedingungen, etwa weitere historische Kontexte, sichtbar zu machen. Auf dieselbe Weise vermittelt das epische Theater die in vielen Stücken vorgesehenen Zwischentitel, die als Überschriften der einzelnen Szenen dienen und deren Inhalt in kurzgefasster Form vorwegnehmen. Der Zuschauer wird durch diese Mitteilungen in eine überlegene Position versetzt, die es ihm erleichtert, kritische Distanz zu wahren: Die Aufmerksamkeit verlagert sich vom Ergebnis der Handlung auf deren Ablauf im Detail und auf die Motive und tieferen Zusammenhänge des Vorgeführten. Gelegentlich sieht Brecht sogar einen epischen Erzähler vor, der als vermittelnde Instanz auf der Bühne gegenwärtig ist und das Geschehen dirigiert; ein solcher Erzähler präsentiert etwa die Binnenhandlung in *Der kaukasische Kreidekreis*.

2. Auch auf der Mikroebene der sprachlichen Gestaltung manifestiert sich Verfremdung in Brechts Stücken immer wieder in wohlkalkulierten Brüchen, in provozierenden Verstößen gegen konventionelle Erwartungen. Oft tritt sie als subtile, entlarvende Abwandlung vertrauter Redewendungen auf. Ein bekanntes Beispiel stammt aus *Mutter Courage und ihre Kinder*: »Der Mensch denkt: Gott lenkt.« (6, S. 49) In diesem Fall wird die Verfremdung durch die Veränderung eines einzigen Satzzeichens bewerkstelligt, denn in der gewohnten Version lautet das Sprichwort: »Der Mensch denkt, Gott lenkt.« Dieser Spruch konfrontiert die menschliche Ohnmacht mit dem souveränen Walten Gottes, der über alle Pläne und Erwägungen der Menschen hinweg das Geschehen auf Erden bestimmt. Die Brechtsche Verfremdung hingegen degradiert den im Himmel thronenden Herrn zu einer bloßen Vorstellung und entlarvt die Demut gegenüber Gott als beschränkten und bequemen Fatalismus. Das Beispiel zeigt, dass es Brecht bei solchen V-Effekten nicht um selbstgenügsame oder bloß witzige Sprachspiele geht. Die Verfremdung tradierter Aussprüche und Sprachklischees demontiert zugleich die dahinter stehenden eingefahrenen Denkmuster und weltanschaulichen Vorurteile.

3. Sehr detailliert entwickelt Brecht in zahlreichen Arbeiten sein Ideal eines Schauspielers im epischen Theater. Wie der Zuschauer an einer vollständigen Einfühlung in die Gestalten auf der Bühne gehindert wer-

den soll, so muss auch der Akteur darauf verzichten, sich ganz in die von ihm vorgestellte Figur hineinzuversetzen, was das aristotelische Theater als Grundvoraussetzung einer überzeugenden schauspielerischen Leistung ansehen würde. Statt in einer Art Trance buchstäblich mit der fiktiven Person zu verschmelzen, hat der Schauspieler Abstand zu wahren und seine Rolle gleichsam demonstrativ vorzuführen – der Unterschied zwischen Schauspieler und Dramenfigur bleibt gewahrt und für den Zuschauer sichtbar. Daher gibt der Akteur auch nicht vor, ebenso wie die dargestellte Person mitten im Geschehen zu stehen, vielmehr zeigt er deutlich, dass er den Fortgang der Handlung schon kennt und das Verhalten seiner Figur von diesem überlegenen Standpunkt aus bewerten kann. Um die Illusion einer Zwangsläufigkeit des Bühnengeschehens zu vermeiden, nimmt er überdies die möglichen, aber von der Figur des Stücks nicht realisierten Handlungsalternativen in sein Spiel auf, wodurch er dem Publikum eine kritische Sichtweise erleichtert; Brecht nannte diesen Kunstgriff die Fixierung des ›Nicht – Sondern‹. Aus alledem geht hervor, dass eine Aufführung auf der Bühne des epischen Theaters den Charakter des Einstudierten und Künstlichen nicht etwa zu verschleiern versucht, sondern ihn geradezu hervorhebt. Der Betrachter soll keinen Augenblick vergessen, dass er im Theatersaal sitzt und statt der Wirklichkeit ein mit künstlerischen Mitteln und belehrenden Absichten geformtes Modell von ihr vor sich hat. Das aristotelische Theater führt die Handlung auf scheinbar ›natürliche‹ Art vor, so als seien die Zuschauer gar nicht da; es ist also bemüht, die Fiktion der ›vierten Wand‹, die dem Bühnenraum ja in Wahrheit zum Publikum hin fehlt, aufrecht zu erhalten. Dagegen lässt das epische Theater nie einen Zweifel daran aufkommen, dass es sich seiner Rezipienten im Zuschauerraum bewusst ist und sein Spiel auf sie ausrichtet.

Mit Hilfe des epischen Theaters, das sich der Verfremdung in ihren mannigfachen Formen bedient, um seine Ziele zu erreichen, wollte Brecht sein Publikum gewissermaßen mündig machen; es sollte zum Bewusstsein seiner gesellschaftlichen Lage gebracht und zum produktiven Eingreifen in die komplexen Strukturen seiner Lebenswirklichkeit befähigt werden. Allen dramentheoretischen Diskussionen der folgenden Jahrzehnte hat Brecht mit seiner Konzeption Impulse gegeben, deren Bedeutung kaum überschätzt werden kann. Freilich verraten seine Überlegungen, die hier skizziert wurden, ein enormes Zutrauen in die Wirkungsmöglichkeiten von Kunst im Allgemeinen und von theatralischen Inszenierungen im Besonderen, das der Stückeschreiber Brecht übrigens mit vielen Dramatikern seit der Epoche der Aufklärung teilte. Der skeptische Einwand, dass er damit die Reichweite von Literatur und Theater und ihren Einfluss auf menschliche Denk- und Verhaltensgewohnheiten wohl überschätzte, liegt nahe. Zu fragen wäre abschließend auch, ob das epische Theater nicht jene kritisch reflektierenden Zuschauer, die es erst heranbilden müsste, im Grunde schon voraussetzt, um überhaupt seine von Brecht beabsichtigte Wirkung entfalten zu können.

Literaturhinweise:

- Brecht-Handbuch in fünf Bänden. Hrsg. von Jan Knopf. Bd. 4: Schriften, Journale, Briefe. Stuttgart, Weimar 2003.
- Grimm, Reinhold: Der katholische Einstein: Brechts Dramen- und Theatertheorie. In: Brechts Dramen. Neue Interpretationen. Hrsg. von Walter Hinderer. Stuttgart 1984, S. 11–32.

4

Stücke II: Die Jahre des Exils

Das Exil brachte nicht nur tiefgreifend veränderte äußere Lebensumstände mit sich, es stellte Brecht auch als Stückeschreiber vor ganz neue Probleme und Herausforderungen. Die Möglichkeit, ein dramatisches Werk in der praktischen Arbeit am Theater zu entwickeln und nach seinen persönlichen Vorstellungen auf die Bühne zu bringen, fiel für ihn fort; er musste froh sein, wenn seine Stücke überhaupt noch aufgeführt wurden, und produzierte teilweise auch Texte für die Schublade. Dem in den letzten Jahren vor 1933 geschaffenen Modell des Lehrstücks waren jetzt alle Grundlagen entzogen, setzte es doch eine politisch interessierte Arbeiterschaft sowie die medialen und organisatorischen Strukturen des Kulturlebens der Weimarer Republik voraus. Außerdem ließ es der Triumph des Faschismus in Deutschland ratsam erscheinen, progressive Experimente, die auf eine radikale Umgestaltung des Theaterapparats zielten, vorerst zurückzustellen und die literarischen Energien statt dessen auf eine unmittelbar wirksame Entlarvung und Bekämpfung des NS-Regimes zu konzentrieren.

Zu diesem Zweck beschritt Brecht in der Emigration zwei unterschiedliche Wege. Der eine führte zu Stücken vom Typus der Parabel, die Vorgänge und Probleme der Zeitgeschichte in durchschaubarer Verkleidung, aber auch in modellhafter Reduktion präsentieren, um ihre tieferen Zusammenhänge für den Zuschauer verständlich zu machen. Ein solches Werk war von Brecht schon 1931/32 begonnen und vorläufig abgeschlossen worden, wurde aber im Exil weiter bearbeitet und den aktuellen Entwicklungen angepasst: Das Stück ***Die Rundköpfe und die Spitzköpfe***, ursprünglich eine Bearbeitung von Shakespeares Komödie *Maß für Maß*, entfernte sich mehr und mehr von diesem Ausgangspunkt und geriet zu einer Auseinandersetzung mit den gesellschaftlichen, wirtschaftlichen und ideologischen Fundamenten des Nationalsozialismus. In Zeiten wachsender Unzufriedenheit der Bevölkerung, resultierend aus sozialer Ungleichheit und Ausbeutung, tritt der Vizekönig des fiktiven Landes Jahoo die Regierung vorübergehend an den Demagogen Angelo Iberin ab, der als nützliches Werkzeug der herrschenden Klasse die Krise bewältigen soll. Um von den wahren Konflikten abzulenken und den gegen ihre Herren rebellierenden Bauern den Wind aus den Segeln zu nehmen, proklamiert Iberin eine rassistische Ideologie, die die naturgegebene Überlegenheit der ›Rundköpfe‹ über die ›Spitzköpfe‹ behauptet und zugleich letzteren die Schuld an allen Missständen zuschiebt. Tatsächlich bricht die Aufstandsbewegung schließlich zusammen, aber die Haltlosigkeit von Iberins Thesen erweist sich im Handlungsverlauf nur allzu deutlich: Auch über die Rassengrenzen hinweg bilden die Besitzenden eine Interessengemeinschaft, und so verlaufen die wirklichen Fronten eben nicht zwischen den Rassen, sondern zwischen den Klassen, zwischen Arm und Reich. Die Parabel interpretiert den Antisemitismus der Faschisten demnach als trügerische Verhüllung der fortdauernden und im Dritten Reich sogar massiv verstärkten Ausbeutungsverhältnisse. Hinter der bloß vorgeschobenen ›Rassenfrage‹ müssen nach Brechts Überzeugung wieder die sozialen und ökonomischen Fragen als die eigentlich entscheidenden erkannt werden.

Parabelcharakter hat auch das Anfang 1941 in Finnland verfasste Stück ***Der Aufstieg des Arturo Ui***. Es ist im Verbrechermilieu von Chicago angesiedelt und zeichnet in Anlehnung an die Biographie Al Capones die Karriere des Gangsters Ui nach, der durch Intrigen, List und Gewalt zum Herrn der Stadt aufsteigt und sich anschickt, seine Macht auf den ganzen Kontinent auszudehnen. Die Parallelen zu Hitlers Politik, unter anderem mit Anspielungen auf die Machtübernahme von 1933, den Reichstagsbrand, den sogenannten Röhm-Putsch (1934) und die Besetzung Österreichs (1938), sind unübersehbar, und so dient die Übertragung in die Sphäre der organisierten Kriminalität in erster Linie einer Verfremdung des aktuellen Zeitgeschehens – ebenso wie der Einsatz des Blankverses, des klassischen deutschen Dramenverses, und die wiederholten Bezugnahmen auf Werke von Shakespeare und Goethe. Indes ist die Welt der Gangster und der Bandenkriege in *Arturo Ui* doch mehr als eine oberflächliche Verkleidung. Das Stück macht nämlich auch die strukturellen Parallelen sichtbar, die in der Tat zwischen dem organisierten Verbrechen und der faschistischen Diktatur bestehen, da es in beiden Fällen um die skrupellose Durchsetzung ökonomisch begründeter Machtinteressen geht. Brecht interpretiert den Faschismus und das Chicagoer Verbrechertum gleichermaßen als aggressive Extremformen des bürgerlichen Kapitalismus, die mit allen Mitteln die ungerechte soziale Ordnung und die wirtschaftliche Ausbeutung der Unterdrückten sichern wollen. Dementsprechend stellt das Stück Gewalt, Terror und Einschüchterung als Grundlagen der nationalsozialistischen Herrschaft heraus und führt außerdem die Rhetorik und die theatralische Selbstinszenierung des Regimes vor, während die gesellschaftliche Massenbasis, über die der deutsche Faschismus ja durchaus verfügte, weitgehend ausgespart bleibt.

Noch in späteren Jahren nutzte Brecht die Möglichkeiten der Parabel, um eine kritische Diagnose sozialer Verhältnisse und zeitgeschichtlicher Vorgänge auf das Theater zu bringen: In seinem letzten Stück, ***Turandot oder Der Kongreß der Weißwäscher*** (1953), das eng mit dem in den dreißiger Jahren verfolgten Projekt eines Tui-Romans verbunden ist, attackiert er die Rolle der Intellektuellen – der ›Tuis‹ –, die in der bürgerlich-kapitalistischen Welt als ideologische Hilfstruppe der Mächtigen fungieren, indem sie deren politische und ökonomische Interessen verschleiern oder rechtfertigen. Abhilfe schafft schließlich eine Revolution der Ausgebeuteten, ein gewaltsamer Umsturz der repressiven Klassenordnung.

Als alternative Strategie einer literarischen Beschäftigung mit der Zeitsituation neben der parabolischen Gestaltung bot sich für Brecht nach 1933 die unmittelbare, unverschlüsselte Darstellung des Faschismus und des Krieges auf der Bühne an. Als erstes Stück dieses Typs schrieb er 1936/37 den Einakter ***Die Gewehre der Frau Carrar***, der vor dem Hintergrund des spanischen Bürgerkriegs (1936–1939) spielt. Die Kämpfe in Spanien, in deren Verlauf die Putschisten um General Franco, unterstützt vom Dritten Reich und von Mussolinis Italien, die Macht eroberten, wurden in ganz Europa aufmerksam verfolgt und waren gerade für die deutschen Emigranten von besonderer Bedeutung, weil es hier zur ersten kriegerischen Konfrontation mit einer faschistischen Bewegung kam. Brechts Stück zeigt den Bürgerkrieg als mörderischen Klassenkampf, als Feldzug der Besitzenden gegen die Arbeiter, und demonstriert am Beispiel der Titelfigur zugleich, wie sinnlos es ist, unter solchen Umständen unpolitische Neutralität bewahren zu wollen: Für die Faschisten ist jeder Arbeiter ein Feind, auch wenn er nicht zur Waffe greift. Als ihr Sohn beim friedlichen Fischfang von den Militärs erschossen wird, gelangt Frau Carrar endlich zur Einsicht in die Notwendigkeit des bewaffneten Widerstands und gibt die in ihrem Haus versteckten Gewehre an die Arbeiter heraus. Das Stück will den Zuschauer dazu bewegen, den individuell gestalteten, aber beispielhaften Lernprozess der Protagonistin nachzuvollziehen, und setzt dabei in einem für Brecht ungewöhnlichen Maße auf die emotionale Teilnahme des Publikums an ihrem Schicksal. Diese den Prinzipien des epischen Theaters widersprechende Annäherung an die konventionelle Einfühlungsdramaturgie beurteilte der Autor später selbst als »allzu opportunistisch« (26, S. 330).

Eine direkte Gestaltung der Zustände im nationalsozialistischen Deutschland unternahm Brecht 1937/38 mit dem umfangreichen Stück ***Furcht und Elend des III. Reiches***. Seine Struktur ist ungewöhnlich, denn es weist keine durchgehende Handlung auf, sondern besteht aus 27 autonomen Szenen mit wechselnden Figuren (für Aufführungen wird in der Regel eine Auswahl aus diesem Material getroffen). Den Zusammenhalt der Reihe stiftet das gemeinsame Rahmenthema: Es geht durchweg um die Auswirkungen des NS-Regimes auf die konkreten Lebensumstände der Menschen und um deren Reaktionen auf den Druck der Machthaber. Brecht liefert mit der Szenenreihe einen Querschnitt durch die deutsche Bevölkerung, der so gut wie alle Schichten und Gruppen einbezieht, abgesehen von den Spitzen von Politik und Gesellschaft – das Stück thematisiert die Unterdrückten und ihre Verhaltensweisen, nicht (oder nur indirekt) die Unterdrücker selbst. Vorgeführt wird, wie Angst, Misstrauen und Terror sämtliche zwischenmenschlichen Beziehungen vergiften, wie sogar die Bereitschaft zur Anpassung unweigerlich in Widersprüche und Sackgassen führt, aber auch, wie und wo sich Ansätze zum Widerstand oder zumindest zur Verweigerung herausbilden. Im Ganzen bemüht sich das Werk um eine realistische Darstellung des Lebens unter der Nazi-Diktatur, doch in einigen satirischen Zuspitzungen macht sich auch ein unübersehbarer Hohn über die aberwitzigen Verhältnisse, etwa über die groteske Verdrehung von Recht und Gesetz, bemerkbar.

1943 vollendete Brecht in den USA das Stück ***Die Gesichte der Simone Machard***, das den verblüffend raschen Zusammenbruch Frankreichs im Krieg gegen Hitler-Deutschland im Sommer 1940 behandelt. Mit der südlich von Paris gelegenen Hostellerie, die als Handlungsort dient, schafft der Autor gleichsam ein verkleinertes Modell der französischen Gesellschaft, das es ihm erlaubt, seine Interpretation der Vorgänge anschaulich zu vermitteln: Die Besitzenden, hier repräsentiert durch Soupeau, den Betreiber der Hostellerie, fallen ihren kämpfenden Landsleuten in den Rücken und kooperieren mit den anrückenden Deutschen, denen sie sich stärker verbunden fühlen als dem einfachen Volk der eigenen Nation. Einmal mehr bekundet Brecht also seine Überzeugung, dass die wahren Konfliktlinien zwischen den Klassen, den Reichen und den Armen, dem wohlhabenden Bürgertum und den Ausgebeuteten verlaufen, nicht etwa zwischen den verschiedenen Nationen. Soupeaus Gegenspielerin ist seine junge Angestellte Simone, die sich nach der Lektüre eines Buches über die französische Nationalheldin Jeanne d'Arc, die Jungfrau von Orleans, in Träumen und Visionen ebenfalls zur Retterin ihres Vaterlandes berufen glaubt und deshalb französischen Flüchtlingen zu helfen und den Deutschen durch Sabotageakte zu schaden versucht. Simones jugendliches Alter und die stark betonte Unwirklichkeit ihrer literarisch inspirierten visionären Erscheinungen hindern den Zuschauer daran, sich ohne weiteres mit der Heldin zu identifizieren. Gleichwohl lässt das Stück an der Vorbildhaftigkeit ihres tätigen Eingreifens keinen Zweifel.

Noch im gleichen Jahr entstand Brechts ***Schweyk***, angeregt von dem populären Roman *Die Abenteuer des braven Soldaten Schwejk während des Weltkrieges*, den der Tscheche Jaroslav Hašek Anfang der zwanziger Jahre veröffentlicht hatte. Brecht situiert die Handlung im Zweiten Weltkrieg und in Prag, das von den Deutschen besetzt ist. Sein Schweyk ist kein Widerstandskämpfer, besitzt aber die Fähigkeit, sich mit List und Gewandtheit den Zwängen der totalitären Herrschaft zu entziehen, ohne sich in irgendeiner Weise angreifbar zu machen. Er entlarvt durch scheinbar biedere Kommentare die Absurdität der NS-Ideologie und praktiziert eine subtile Widersetzlichkeit, die sich als vollkommener Gehorsam zu tarnen weiß. Allerdings rügten schon Brechts Zeitgenossen nicht zu Unrecht die Tendenz zu einer verharmlosenden Darstellung des Nationalsozialismus, dessen Vertreter im Stück, Männer der SS und der Gestapo, sich doch etwas zu leicht von Schweyk und seinen Freunden übertölpeln lassen. In einigen satirischen Szenen aus den ›höheren Regionen‹ haben auch die Spitzen des NS-Regimes ihren Auftritt. Am Ende werden beide Ebenen in einer grotesken Episode zusammengeführt, wenn Schweyk, der gehorsam nach Stalingrad marschiert – freilich ohne die Absicht, es je zu erreichen –, in der winterlichen Öde Russlands auf den gescheiterten ›Führer‹ Hitler trifft.

In den letzten Jahren seines skandinavischen Exils und in den USA schrieb Brecht schließlich auch jene Stücke, auf denen sein bis heute anhaltender Ruhm als Dramatiker hauptsächlich beruht und die, neben der *Dreigroschenoper*, auf den Theaterspielplänen besonders häufig erscheinen; sie sollen deshalb im Folgenden eingehender betrachtet werden. Obwohl diese ›großen‹ Exildramen teilweise von Ereignissen der Zeitgeschichte angeregt wurden und auf ihre Art wichtige aktuelle Probleme gestalten, behandeln sie im Gegensatz zu den bisher erörterten Werken nicht direkt die politischen Geschehnisse der Epoche. Am weitesten von unmittelbarer Aktualität entfernt ist wohl die Komödie ***Herr Puntila und sein Knecht Matti***, die 1940 in Finnland verfasst wurde und auch dort spielt. Aber sogar dieses Stück lässt Brechts gesellschaftskritische Perspektive erkennen und greift mit dem Gegensatz der Klassen und den Zwängen, die eine kapitalistische Wirtschaftsordnung auf die Menschen ausübt, Kernthemen des Autors auf. Der Gutsbesitzer Puntila ist eine gespaltene Persönlichkeit, in der humane Anwandlungen mit den Erfordernissen ihrer Stellung und ihres Standes kämpfen: Ist Puntila betrunken, was sehr häufig vorkommt, so erweist er sich großzügig und verbrüdert sich mit den einfachen Leuten seiner Umgebung, während er in nüchternen Stunden rigoros seine Interessen verfolgt und seine Untergebenen ausbeutet – menschlich kann der Besitzende offenbar nur sein, wenn er sich buchstäblich selbst vergisst. Puntilas Knecht Matti beobachtet seinen Herrn kritisch und kommentiert seine wechselnden Zustände. An Einsicht ist er Puntila weit überlegen, doch wird er mitunter von der kraftvollen Vitalität des Gutsherrn geradezu beiseite gedrängt: Ähnlich wie bei Mutter Courage bringt auch hier die überaus plastische und lebensechte Gestaltung einer Figur die Gefahr mit sich, dass dem Zuschauer der eigentlich beabsichtigte skeptische, distanzierte Blick auf sie erschwert wird. Der Bühnenwirksamkeit der Komödie kommt dies freilich nur zugute.

Mit dem Drama ***Leben des Galilei*** hat sich Brecht über Jahre hinweg mehrfach beschäftigt. 1938 schrieb er in Dänemark die erste Fassung; eine zweite, englischsprachige mit dem Titel *Galileo* erarbeitete er ab 1944 in den Vereinigten Staaten gemeinsam mit dem Schauspieler Charles Laughton, und die dritte entstand 1955/56 in Berlin. Der große Physiker Galileo Galilei faszinierte Brecht, weil er in ihm einen der Väter jenes ›wissenschaftlichen Zeitalters‹ erblickte, dessen Eigenarten und Widersprüche seiner Meinung nach noch die Gegenwart des 20. Jahrhunderts bestimmten. Brecht sah diese Epoche einerseits durch enorme Fortschritte der Naturerkenntnis und -beherrschung, andererseits aber durch ein weiterhin unzureichendes Wissen um die Gesetze des menschlichen Zusammenlebens und durch die daraus resultierenden Konflikte und Ungerechtigkeiten charakterisiert. Das Stück arbeitet diese Ambivalenz der abendländischen Neuzeit an ihren historischen Ursprüngen heraus und trägt sie auch in die Figur des Galilei hinein.

Wissenschaftsgeschichtlich betrachtet, gestaltet Brecht hier die Verdrängung des alten geozentrischen Weltbildes durch das neue heliozentrische Modell: Forscher wie Kopernikus, Giordano Bruno, Kepler und eben Galilei haben erkannt, dass die Erde um die Sonne kreist und somit keineswegs, wie das Mittelalter glaubte und die Kirche lehrte, den ruhenden Mittelpunkt des Alls darstellt. Für die Astronomie bedeutet diese Einsicht einen Paradigmenwechsel, also einen radikalen Umsturz jener Grundannahmen, die das Fundament jeder wissenschaftlichen

Forschung bilden. Die Konfrontation Galileis mit den Florentiner Gelehrten in der vierten Szene zeigt beispielhaft, wie die alte und die neue Auffassung aufeinanderprallen, und verdeutlich zugleich, dass Vertreter unterschiedlicher Paradigmen sich gar nicht miteinander verständigen können.

Der Kampf der Meinungen geht aber in seiner Bedeutung weit über eine astronomische Streitfrage hinaus, denn die beiden Paradigmen verbinden sich in Brechts Stück auch mit sehr unterschiedlichen menschlichen Haltungen. Beruht die alte Weltsicht auf den Tugenden des Glaubens und der Geduld, so lebt die neue Lehre vom Zweifel und von der Neugier. Passivität weicht der Aktivität; die autoritätsgestützte Wissenschaft, die ihre Argumente aus gelehrten Büchern nimmt, wird von einer auf Beobachtung und Experiment gegründeten Forschung abgelöst; an die Stelle der lateinischen Gelehrtensprache, die das Wissen auf eine gebildete Elite beschränkt, tritt die Volkssprache, die es jedem zugänglich macht. Und darüber hinaus erschüttert der Übergang vom statischen, begrenzten Kosmos der traditionellen Sichtweise zur Dynamik und Weite des neuen astronomischen Modells die hergebrachte soziale Ordnung. Schon in der Eingangsszene bezieht Galilei in seine euphorische Vision der kommenden Zeit mit ihren Umwälzungen und ihrer umfassenden Kritik des Bestehenden auch die gesellschaftliche Sphäre mit ein, und an späterer Stelle wird gezeigt, dass die breite Masse des Volkes Galileis Erkenntnisse tatsächlich genau in diesem Sinne aufnimmt, sie also auf die Verhältnisse der sozialen Welt anwendet und deren hierarchische Struktur in Frage stellt. Gerade deshalb sehen sich die Herrschenden, die Kirchenfürsten, genötigt, der neuen Lehre mit den Mitteln der Inquisition entschieden entgegenzutreten.

Die gesellschaftliche und politische Dimension des Themas wird hauptsächlich in der Diskussion zwischen Galilei und dem kleinen Mönch in der achten Szene (nach der dritten Fassung) entfaltet. Der Mönch will an der Vorstellung, dass die Erde den Mittelpunkt des Kosmos bildet und von Gott mit besonderer Aufmerksamkeit bedacht wird, festhalten, weil sie allein die leidenden Menschen über alle Entbehrungen hinwegzutrösten und ihrem kärglichen Dasein einen Sinn zu geben vermag: Im Horizont des festgefügten christlichen Weltbildes können sie das Leben als eine Prüfung des Herrn betrachten, auf die der Lohn im Jenseits folgt. Galilei wendet sich mit aller Schärfe gegen diese Sicht der Dinge, die er als Ideologie, als Herrschaftsinstrument der Mächtigen durchschaut; sie legitimiert die ungerechten gesellschaftlichen Zustände und hält die Unterdrückten vom Aufbegehren ab. Weltbild und soziale

Ordnung korrespondieren einander: »Warum stellt er [der Papst] die Erde in den Mittelpunkt des Universums? Damit der Stuhl Petri im Mittelpunkt der Erde stehen kann!« (5, S. 245) Und im vertraulichen Gespräch bestätigen die Repräsentanten der kirchlichen Macht diese Diagnose, indem sie die Religion mit zynischer Offenheit zum Werkzeug ideologischer Täuschung erklären: »Wenn es keinen Gott gäbe, müßte man ihn erfinden« (S. 240).

Galilei bekennt sich ausdrücklich zu den revolutionären gesellschaftlichen Implikationen seiner astronomischen Erkenntnisse: »Sie haben recht, es handelt sich nicht um die Planeten, sondern um die Campagnabauern« (S. 245) – die ausgebeuteten Menschen werden sich schwerlich für den gelehrten Streit um die Bewegungen der Gestirne interessieren, wohl aber für die generelle Erschütterung überholter Lehren und Verhältnisse. Wenn Galilei jedoch schließlich angesichts der Drohungen der Inquisition seine Thesen widerruft und sich den Mächtigen unterwirft, versagt er vor den Aufgaben, die sich dem Wissenschaftler der neuen Zeit stellen. So erklärt sich seine rigorose Selbstverurteilung im Gespräch mit Andrea in der Szene 14: Sobald die Wissenschaft ihrer sozialen Verantwortung nicht mehr gerecht wird, öffnet sich eine fatale Kluft zwischen ihr und der Menschheit. Legitim sind wissenschaftliche Forschungen nur, wenn sie sich ganz auf das Wohl der Menschen verpflichten und dazu beitragen, deren Lebensbedingungen zu verändern und zu verbessern.

Der Grund für Galileis Nachgeben liegt in seiner Angst vor der Folter, vor dem körperlichen Schmerz. Der Inquisitor weiß sehr genau um die Schwäche des Gelehrten: »Man wird praktisch bei ihm nicht weit gehen müssen. Er ist ein Mann des Fleisches. Er würde sofort nachgeben«. Aber bemerkenswerterweise entgegnet ihm der Papst: »Er kennt mehr Genüsse als irgendein Mann, den ich getroffen habe. Er denkt aus Sinnlichkeit« (S. 269). Tatsächlich speist sich auch Galileis Forscherdrang aus seiner ungewöhnlichen Genussfähigkeit; immer wieder bringt er die wissenschaftliche Arbeit, das Denken, Forschen und Lehren, mit Lust und tief empfundenem Vergnügen in Zusammenhang. Dieser Gedanke einer innigen Verknüpfung von Erkenntnis und Genuss begegnet auch in Brechts theoretischen Schriften häufig: Das epische Theater soll die Belehrung selbst zu einem Vergnügen machen. Galileis persönliche Tragik besteht darin, dass jene sinnliche Leidenschaftlichkeit, die ihn als Wissenschaftler anspornt, zugleich die Schwachstelle ist, an der ihn seine Gegner fassen können.

Die deutliche Betonung von Galileis Verstoß gegen das ethische Grundgesetz der Wissenschaft stellt eine Eigentümlichkeit der späteren

Fassungen des Stückes dar. Sie ist nach Brechts eigenen Worten auf sein Erschrecken angesichts des Einsatzes der Atombombe durch die Amerikaner im August 1945 zurückzuführen, der die Frage nach der sozialen Verantwortung des Forschers in ein ganz neues Licht rückte. Zwar fühlt sich Galilei schon in der ersten Fassung schuldig, weil an dem Recht auf Zweifel, Kritik und freies Denken keine Abstriche gemacht werden dürften, aber Brecht zeichnet seinen Protagonisten in den Schlusspassagen dieser Version noch weitaus wohlwollender: Der von der Inquisition überwachte Gelehrte hat nicht nur heimlich ein neues wissenschaftliches Werk, die *Discorsi*, verfasst, er hält auch eine verschwörerische Beziehung zu dem einfachen Volk, das sich für seine Erkenntnisse interessiert, aufrecht – in deutlicher Analogie zur Situation im faschistischen Deutschland erscheint er hier als eine Art Widerstandskämpfer, der sich zum Schein dem Druck der Obrigkeit beugt, um insgeheim seine Tätigkeit fortsetzen zu können. In der dritten Fassung dagegen weist Galilei den Versuch seines Schülers Andrea, den Widerruf als taktischen Rückzug zu deuten und somit zu entschuldigen, unmissverständlich zurück. Unter dem Eindruck der Katastrophe von Hiroshima stilisiert Brecht das Nachgeben seines Helden gegenüber den Machthabern jetzt zum Sündenfall der modernen Wissenschaft schlechthin. In Galileis Versagen zeichnet sich schon jener fatale widersprüchliche Charakter der Neuzeit ab, in der die Forscher zwar die Natur immer besser zu beherrschen gelernt haben, aber die kritische Beleuchtung der gesellschaftlichen Verhältnisse unterlassen und sich statt dessen den Mächtigen als dienstbereite Gefolgsleute zur Verfügung stellen: »Die Bewegungen der Himmelskörper sind übersichtlicher geworden; immer noch unberechenbar sind den Völkern die Bewegungen ihrer Herrscher« (S. 283f.).

In seiner Struktur und Machart wirkt *Leben des Galilei*, verglichen mit vielen anderen Bühnenwerken Brechts, geradezu konventionell. Nur sparsam werden typische Techniken des epischen Theaters eingesetzt, darunter die Szenenüberschriften, die den Inhalt des jeweiligen Auftritts in Kurzform vorwegnehmen, die Handlungsspannung weitgehend aufheben und dem Zuschauer dadurch eine distanzierte, nüchterne Betrachtung des Geschehens erleichtern. Wenn das Galilei-Stück trotzdem ohne Zweifel ein episches Werk im Sinne Brechts ist, so weniger der Form als dem Inhalt nach. Die Handlung ist durchgängig von Diskussionen, lehrhaften Gesprächen und Experimenten geprägt, und die Haltungen des produktiven Zweifelns und des Veränderungswillens werden von den Figuren selbst immer wieder vorgeführt und ausdrücklich erörtert. Schon in der ersten Szene belehrt Galilei den jungen Andrea mit Hilfe der Verfremdungstechnik, indem er ihm das scheinbar Selbstverständliche und Handgreifliche, nämlich die sichtbare Bewegung der Sonne um die Erde, fragwürdig macht und das pure ›Glotzen‹ in eine neue, kritisch-reflektierende Wahrnehmungsweise verwandelt. Mit den Worten »Ich lehre ihn sehen« (S. 193) charakterisiert Galilei prägnant das Ziel seiner pädagogischen Bemühungen, trifft aber zugleich genau die maßgebliche Intention des epischen Theaters. Der oben erläuterte Kontrast zwischen den beiden wissenschaftlichen Paradigmen, die sich im Stück gegenüberstehen, spiegelt daher nicht zuletzt den Gegensatz zwischen dem traditionellen ›aristotelischen‹ Theater, das auf Gefühl und sinnliche Unmittelbarkeit setzt und das Publikum in seiner Passivität belässt, und dem epischen Modell Brechts, das eine skeptische, rationale Weltsicht einüben will, die dem ersten Eindruck misstraut, und den Zuschauer zum aktiven Eingreifen ermuntert. *Leben des Galilei* lässt sich also auch als eine subtile Reflexion des Brechtschen Theaterkonzepts und seiner weltanschaulichen und erkenntnistheoretischen Grundlagen verstehen.

Mit dem Stück ***Der gute Mensch von Sezuan*** begann Brecht 1939 in Dänemark, doch zog sich die Ausarbeitung bis Anfang 1941 hin. Das Geschehen um die Prostituierte und spätere Ladenbesitzerin Shen Te, das den Kern des Dramas bildet, ist in eine Rahmenhandlung eingebettet, die drei Götter auf ihrem Weg durch die Menschenwelt zeigt. Die Wanderung göttlicher Gestalten auf der Erde ist ein altes Motiv, das sich in der Bibel und in der heidnischen Mythologie ebenso findet wie in späteren literarischen Werken, zum Beispiel in Goethes Ballade *Der Gott und die Bajadere*: Die Gottheiten lassen sich zu den Irdischen herab, um sie auf die Probe zu stellen und, je nachdem, zu belohnen oder zu bestrafen. Brecht wandelt dieses traditionelle Muster jedoch in bezeichnender Weise ab, denn seine Götter wollen weder erlösen oder bessern noch strafen, sondern vielmehr ein förmliches Experiment durchführen, um zu klären, ob dem guten Menschen auf Erden überhaupt ein menschenwürdiges Dasein möglich ist. So erhält das ganze Stück den Charakter einer Versuchsanordnung, bei der die Götter als Beobachter fungieren: Anhand des Schicksals der Shen Te, eines beispielhaften guten Menschen, soll jene Frage beantwortet werden. Wie es dem von Brecht konzipierten Theater des ›wissenschaftlichen Zeitalters‹ angemessen ist, übernimmt *Der gute Mensch von Sezuan* also Verfahrensweisen der Naturwissenschaften, um sie auf die sozialen Verhältnisse und das Handeln der Menschen anzuwenden.

Allerdings geben sich die drei Götter nur allzu bald als höchst zweifelhafte Autoritäten zu erkennen. Schon das zentrale Kriterium des ›Guten‹ bleibt bei ihnen auffallend vage, denn ihre abstrakte Ethik wird niemals konkretisiert oder mit dem alltäglichen Dasein und den Strukturen der gesellschaftlichen Ordnung vermittelt. Die Götter verlassen sich auf die Fähigkeit des Menschen, aus eigener Kraft und unabhängig von seinen äußeren Lebensumständen das Rechte zu tun. Dabei ignorieren sie insbesondere die ökonomischen Verhältnisse, weil sie sich für das »Wirtschaftliche« nicht zuständig fühlen (6, S. 184) und »Geschäfte« für nebensächlich halten, wenn es um moralische Fragen geht: »Was haben Geschäfte mit einem rechtschaffenen und würdigen Leben zu tun?« (S. 212) Diesen naiven, idealistischen Glauben an die Unabhängigkeit der Ethik von materiellen Bedürfnissen und wirtschaftlichen Gegebenheiten betrachtete der Marxist Brecht immer als einen fatalen Irrtum. In der *Dreigroschenoper* setzt er ihm die berühmte Einsicht entgegen: »Erst kommt das Fressen, dann kommt die Moral« (2, S. 284).

Es verwundert nicht, dass die Götter für Shen Tes sehr konkrete Nöte – »Wie soll ich gut sein, wo alles so teuer ist?« (6, S. 184) – kein Verständnis aufbringen und den Gewissensqualen der jungen Frau lediglich mit grundsätzlichen Appellen an ihr moralisches Vermögen begegnen. Zudem sind sie gar nicht bereit, ihre Hypothese, dass dem guten Menschen eine anständige Existenz durchaus möglich ist, wirklich auf die Probe zu stellen. Indem sie Shen Te unter der Hand eine beträchtliche Geldsumme zustecken, die weit über eine angemessene Bezahlung des gewährten Nachtlagers hinausgeht, greifen sie in unzulässiger Weise in die Versuchsanordnung ein: »Wenn sie etwas mehr hätte, könnte sie es vielleicht eher schaffen« (S. 184). Mit dieser Manipulation machen sie sich auch als Experimentatoren und Beobachter unglaubwürdig; sie sind augenscheinlich von vornherein entschlossen, den Versuch zu dem von ihnen gewünschten Ergebnis zu führen. Dementsprechend sträuben sie sich noch in der Schlussszene »verbissen« (S. 276) gegen die Einsicht, dass die Welt grundlegend verändert werden muss, wenn es möglich sein soll, moralisches Handeln und eine auskömmliche Existenz miteinander zu vereinbaren. Überzeugt, ihren guten Menschen gefunden zu haben, entschwinden sie rasch – eine Umkehrung des klassischen ›deus ex machina‹-Motivs – und lassen Shen Te rat- und hilflos zurück.

Die richtigen Konsequenzen aus den Vorgängen auf der Bühne zu ziehen, bleibt dem Zuschauer überlassen. Er ist ja in der Konstellation des Stückes sozusagen ein Beobachter höherer Ordnung, der nicht nur die Shen Te-Handlung, sondern auch das Verhalten der Götter studieren und kritisch bedenken kann. Mehrfach wird er überdies direkt angesprochen; das Bühnengeschehen öffnet sich gleichsam zum Publikum hin.

Den Höhepunkt dieser Bewegung markiert der Epilog, der die Suche nach einem »guten Ende« für den »guten Menschen« ausdrücklich den Zuschauern aufgibt (S. 279). In welcher Richtung hier weitergedacht werden muss, ist offenkundig – die Kluft zwischen den moralischen Idealen und der Lebenswirklichkeit lässt sich nur schließen, wenn die sozialen und ökonomischen Bedingungen der menschlichen Existenz von Grund auf umgestaltet werden. So mündet *Der gute Mensch von Sezuan* in den unmissverständlichen Appell zu einer gesellschaftsverändernden Praxis.

Nicht von ungefähr hat Brecht eine Prostituierte zur Heldin seines Stückes gemacht: Die Prostitution stellt ein besonders drastisches Beispiel für die Zwänge der kapitalistischen Wirtschafts- und Gesellschaftsordnung dar, degradiert sie doch selbst das Gefühlsleben und die Sexualität des Menschen zu Waren, die auf dem Markt angeboten werden müssen. Wenn die fiktive chinesische Provinz Sezuan als Modell einer vom Kapitalismus beherrschten Welt dient, so repräsentiert Shen Te den Menschen, dessen Dasein in extremer Form von den Gesetzmäßigkeiten dieser Welt geprägt ist. Freilich zeichnet sie sich auf der anderen Seite durch jene natürliche Güte aus, die sie für die Götter erst interessant macht und die sich in völliger Selbstlosigkeit und gesteigerter Hilfsbereitschaft zeigt. Anhand dieser stark stilisierten und zum Typus erhöhten Figur demonstriert *Der gute Mensch von Sezuan* im Verlauf der Handlung die Unvereinbarkeit von kapitalistischer Ordnung und Güte: Folgt Shen Te ihrem guten Herzen, stürzt sie sich über kurz oder lang unweigerlich in den Ruin. Als einziger Ausweg aus diesem Dilemma erweist sich der vermeintliche Vetter Shui Ta, der in Wahrheit nur eine Maske Shen Tes ist, gewissermaßen ihr anderes Ich.

Das Stück greift hier auf das Motiv des Doppelgängers und der Persönlichkeitsspaltung zurück, das in der literarischen Tradition häufig begegnet und beispielsweise in der romantischen Dichtung vielfach eingesetzt wurde, um die innere Zerrissenheit des modernen Menschen und die Macht unbewusster seelischer Regungen zu gestalten. Bei Brecht verweist die Verdoppelung der Hauptfigur auf die Selbstentfremdung des Menschen unter dem Druck kapitalistischer Verhältnisse. Für Shen Te stellt es sich als überlebensnotwendig heraus, Güte und Mitgefühl zu verleugnen und Egoismus und Ausbeutung zu praktizieren; Shui Ta, der dies leistet, ist also ein Produkt der gesellschaftlichen und wirtschaftlichen Ordnung, die in Sezuan herrscht. Indem der Dichter die Anpassung seiner Heldin an diese Ordnung mit Hilfe des Doppelgängermotivs in szenischer Anschaulichkeit vorführt – Shen Te verwandelt sich einmal sogar auf offener Bühne in ihren ›Vetter‹ –, enthüllt er die Entstellungen, die das kapitalistische System dem Menschen aufzwingt. Es handelt sich dabei, ganz im Sinne des epischen Theaters, um eine *Verfremdung*, die einen in der Regel undurchschauten und unreflektiert hingenommenen Sachverhalt mit künstlerischen Mitteln erst wirklich sichtbar und damit auch der Kritik zugänglich macht. Akzeptiert das Publikum, anders als die fragwürdigen Göttergestalten im Stück, die Einsicht, dass ein ›guter Mensch‹ in einer auf Ausbeutung und Unterdrückung beruhenden Gesellschaftsform entweder untergehen oder sich ihren Prinzipien letztlich doch fügen muss, dann gewinnt der abschließende Appell, diese Gesellschaftsform zu ändern, geradezu zwingenden Charakter.

Mutter Courage und ihre Kinder, gleichfalls eine Schöpfung des skandinavischen Exils, wurde im Herbst 1939 sehr zügig niedergeschrieben. Überlegungen zu einem Drama aus dem Umfeld des Dreißigjährigen Krieges (1618–1648), der größten Katastrophe, die Mitteleuropa in der frühen Neuzeit erlebte, hatte Brecht zwar schon in den Jahren zuvor angestellt, aber durch den Ausbruch des Weltkriegs erhielt das Projekt unvermittelt eine erschreckende Aktualität. Die Handlung der dramatischen »Chronik«, wie das Stück im Untertitel bezeichnet wird, erstreckt sich über mehr als zehn Jahre, von 1624 bis 1636, und wird in Form einer locker gefügten Szenenreihe präsentiert, die nicht dem strengen Schema von Aufstieg, Höhepunkt, Wendung und Katastrophe folgt. Gleichwohl gibt es einige Elemente, die eine festere Struktur schaffen. Tritt Mutter Courage zu Beginn in Begleitung ihrer drei Kinder auf, so hat sie am Ende alle drei an den Krieg verloren: Das fingierte Todesorakel, das sie anfangs inszeniert, bewahrheitet sich schließlich in vollem Umfang, so dass Prophezeiung und Erfüllung einen Rahmen für das gesamte Stück stiften. Dass die Folge der zwölf Auftritte auch im Detail wohlüberlegt und auf bestimmte Effekte ausgerichtet ist, verdeutlicht ein Blick auf die Szenen 6 und 7: Endet die eine mit dem zornigen Ausruf der Courage »Der Krieg soll verflucht sein«, so beginnt die andere mit ihrer zufriedenen Versicherung »Ich laß mir den Krieg von euch nicht madig machen« (6, S. 61). Angesichts dieses schroffen Kontrasts, durch den sich die beiden Aussagen quasi gegenseitig verfremden, kann das Publikum gar nicht umhin, über die widersprüchliche Haltung der Hauptfigur ins Grübeln zu geraten.

Anders als man es von einem historischen Drama erwarten sollte, nimmt *Mutter Courage und ihre Kinder* die Ebene der hohen Politik, der Monarchen, Fürsten und Feldherren nicht direkt in den Blick; Persönlichkeiten wie der Schwedenkönig Gustav Adolf und der katholische

Feldherr Tilly tauchen nur in den Bemerkungen und Gesprächen der Protagonisten auf. Was Brecht interessiert, sind die kleinen Leute, ihr Verhalten in Kriegszeiten und ihre eigentümliche Sicht der Dinge. Auch dies ist eine Form der Verfremdung, wird doch hier der traditionellen Historiographie, die sich auf die vermeintlich geschichtsbestimmenden ›großen Männer‹ konzentriert, mit dem ›Blick von unten‹ eine ganz andere Perspektive auf die Ereignisse entgegengesetzt. Dadurch ergeben sich mitunter komische, vor allem aber entlarvende Brechungen. So nimmt die Courage, die gerade ihr Warensortiment mustert und Socken und Windlichter zählt, das Begräbnis Tillys nur flüchtig zur Kenntnis, während ihr der Überfall auf ihre Tochter als »historischer Augenblick« gilt (S. 61).

Die zentrale Figur der Anna Fierling, genannt Mutter Courage, ist von dem problematischen Verhältnis geprägt, in dem ihre Rollen als Mutter und als Geschäftsfrau zueinander stehen. An sich gibt es hier keinen Widerspruch, denn die Courage betreibt ihren Warenhandel nicht aus bloßer Geldgier, sondern um ihre Familie zu ernähren; sie ist Händlerin, um die Pflichten einer Mutter erfüllen zu können. Doch in der besonderen Situation des Krieges geraten die beiden Rollen in einen Dauerkonflikt, den schon die erste Szene entfaltet: Mutter Courage möchte aus dem Krieg Gewinn ziehen, ihre eigenen Kinder aber von jeder Gefahr fernhalten. Dass diese Rechnung nicht aufgehen wird, sieht der Feldwebel am Ende der Szene bereits voraus: »Will vom Krieg leben / Wird ihm wohl müssen auch was geben« (S. 18). Die Großen mögen vom Krieg profitieren – das hat Brecht in verschiedenen anderen Texten deutlich herausgestellt –, aber für die einfachen Leute erweist er sich auf lange Sicht immer als Verlustgeschäft. Die Courage durchschaut dies jedoch nie und klammert sich unentwegt an die Hoffnung, durch den Krieg zu Geld zu kommen. Ganz zum Schluss, als Eilif, Schweizerkas und Kattrin tot sind und ihre Mutter sich anschickt, mit dem fast leeren Planwagen alleine weiterzuziehen, erklingt noch einmal der Refrain jenes Liedes, das Mutter Courage in der Eingangsszene gesungen hat. Dieser Rückgriff und das in den Versen beschworene ruhelose Wandern deuten den Kreislauf an, in dem die Protagonistin in ihrer Uneinsichtigkeit gefangen bleibt. Aber gerade weil die Bühnenfigur keinen Lernprozess durchmacht, kann der Zuschauer durch eine kritische Betrachtung ihres Schicksals seine Lehren aus dem Stück ziehen.

Der Widerstreit zwischen Mütterlichkeit und Geschäftssinn, den der Krieg hervortreibt, wird von Brecht immer dann anschaulich inszeniert, wenn einem der drei Kinder etwas zustößt, denn in allen diesen Fällen ist die Courage wegen geschäftlicher Angelegenheiten abwesend, abgelenkt oder in ihrer Entscheidungsfreiheit eingeschränkt. Dennoch wäre es kurzsichtig, die Protagonistin moralisch zu verurteilen, weil sie stets ihre wirtschaftlichen Interessen im Auge behält – sie *muss* auf Gelderwerb bedacht sein, wenn sie ihr Leben und das ihrer Familie fristen will. Ihr Verhalten mit seinen fatalen Konsequenzen geht also nicht aus individuellen Charaktereigenschaften hervor, sondern ist ein Produkt der kriegerischen Zeitumstände und der ökonomischen Zwänge. Wie sehr die Courage von diesen Verhältnissen geprägt ist, zeigt auch die Herkunft ihres Übernamens. Der Mut, den man ihr damit zuschreibt, ist nämlich keine persönliche Eigenart, unter Beweis gestellt etwa bei der Verfolgung ideeller Ziele, sondern eine bloße Folge äußeren Drucks, der ihr als Händlerin »keine Wahl« ließ: »Courage heiß ich, weil ich den Ruin gefürchtet hab« (S. 11). Die plastische, in vieler Hinsicht lebensechte und zugleich Sympathie erweckende Gestaltung der Protagonistin führte allerdings in der frühen Rezeption zu Missverständnissen, die Brecht mit Unbehagen registrierte: Oft wurde das Stück einfach als die tragische Geschichte einer liebenden Mutter aufgefasst, die ihre Kinder trotz aller Anstrengungen nicht heil durch den Krieg bringen kann. Um eine solche Haltung der emotionalen Identifikation und des folgenlosen Mitleids zu erschweren und größere Distanz zu schaffen, änderte der Autor nachträglich noch einige Textstellen und verstärkte die problematischen Züge der Hauptfigur.

Die wichtigste Gestalt des Dramas neben der Courage und zugleich deren Widerpart ist die stumme Kattrin. Ihr »gutes Herz« wird frühzeitig als ihre hervorstechende Eigenschaft benannt (S. 17) und bewährt sich im Lauf des Bühnengeschehens zu wiederholten Malen. Ohne jede Rücksicht auf ökonomische oder sonstige eigennützige Gesichtspunkte handelt Kattrin ausschließlich nach den Geboten der Menschlichkeit und des Mitgefühls, insbesondere dann, wenn es um das Wohl von Kindern geht – gerade sie, der die biologische Mutterschaft verwehrt bleibt, ist im Gegensatz zu der Courage eine ideale Mutterfigur. Auch die Rettung der Stadt Halle, die ihr den Tod bringt, unternimmt sie in erster Linie deshalb, weil dort Kinder bedroht sind. Kattrins Heldentat demonstriert einerseits, dass individuelles, moralisch begründetes Handeln auch in finsteren Zeiten durchaus Wirkung zeigen kann, macht aber andererseits sichtbar, wie teuer den Tugendhaften sein Einsatz zu stehen kommt. »Überhaupt, wenn es wo so große Tugenden gibt, das beweist, daß da etwas faul ist«, stellt Mutter Courage bei anderer Gelegenheit fest (S. 23), und diese These hat Brecht auch sonst häufiger formuliert: In einer wohlgeordneten Gesellschaft könnte man auf überdurchschnittliche Aufopferungsbereitschaft, auf heldenhaften Mut und Selbstlosigkeit getrost verzichten. So ist Kattrins Schicksal vermutlich nicht als Appell zum Heroismus zu begreifen. Die Aufmerksamkeit des Zuschauers soll vielmehr auf die Frage gelenkt werden, wie politische und soziale Verhältnisse aussehen könnten, die einen solchen Heroismus, der mit dem Leben bezahlt werden muss, entbehrlich machen würden.

Die Kritik des Stücks am Krieg und an den Haltungen, die die Menschen zu ihm einnehmen, wird nicht allein über das Handlungsgeschehen vermittelt; auch ironische, doppeldeutige Reden der Figuren tragen ihren Teil dazu bei. Eine absurde Verkehrung aller vernünftigen Wertmaßstäbe offenbart zum Beispiel schon die einleitende Unterhaltung des Werbers mit dem Feldwebel über Krieg und Frieden, und das Gespräch über die aktuelle Politik, das der Koch, der Feldprediger und die Courage in der dritten Szene führen, enthüllt in unnachahmlicher Weise, wie die Herrschenden ihre eigentlichen Interessen und Absichten durch ideologische Verschleierung beschönigen. Nicht zuletzt hält Mutter Courage der konventionellen Heldengeschichtsschreibung die nüchterne Einsicht entgegen, dass die ›großen Männer‹, auf sich allein gestellt, hilflos wären: »die Kaiser selber können ja nix machen, sie sind angewiesen auf die Unterstützung von ihre Soldaten und dem Volk, wo sie grad sind, hab ich recht?« (S. 54) Der Krieg wird in *Mutter Courage und ihre Kinder* durchweg als Geschäft und als Kampf um Macht und Gewinn geschildert, während sich beispielsweise das Gerede vom Religionskrieg als bloßer Vorwand erweist. Inwieweit sich die Personen, denen Brecht all diese entlarvenden Bemerkungen in den Mund legt, der Ironie und der Tragweite ihrer Aussagen bewusst sind, muss zumeist offen bleiben und spielt auch keine große Rolle: Nicht auf die Figurenpsychologie kommt es dem Autor an, sondern auf den Zuschauer, der in die Lage versetzt werden soll, geläufige Täuschungen zu durchschauen und verbreitete Illusionen abzustreifen. In keinem anderen Brecht-Stück spielt die subtile Verfremdung auf der Ebene der Figurenrede eine so herausragende Rolle; daher ist auch kein anderes so reich an Sprachwitz.

Die erste und die zweite Fassung des Dramas ***Der kaukasische Kreidekreis*** entstanden 1944 in den USA, aber noch in seinen letzten Lebensjahren nahm Brecht einige Veränderungen an dem Text vor. Das zentrale Motiv, die Probe zur Ermittlung der wahren Kindsmutter, kannte er aus einem chinesischen Theaterstück des 13. Jahrhunderts, das ihm in der deutschen Bearbeitung Klabunds vorlag, sowie aus einer Episode um den weisen König Salomo, von der das *Erste Buch der Könige* im *Alten*

Testament erzählt. In beiden Fällen wird allerdings, anders als bei Brecht, die leibliche Mutter als die ›wahre‹ identifiziert. Mit dem Kreidekreis-Stoff befasste sich der Dichter übrigens schon in den dreißiger Jahren, und 1940 vollendete er die Erzählung *Der Augsburger Kreidekreis*, die später in die *Kalendergeschichten* aufgenommen wurde. Man darf daraus schließen, dass ihn das Thema der Mütterlichkeit, mehr als soziales denn als biologisches Phänomen betrachtet, außerordentlich interessierte.

In der Fassung von 1954, die hier vorrangig berücksichtigt werden soll, umfasst das Drama ein Vorspiel und fünf Akte, wobei das Vorspiel, in der Sowjetunion der unmittelbaren Nachkriegszeit angesiedelt, einen Rahmen öffnet, in den sich das Folgende als Binnenhandlung einfügt. Diese Binnenhandlung ist in sich wiederum unterteilt: Die ersten drei Akte verfolgen das Schicksal Grusches und des von ihr geretteten Jungen Michel; zeitlich parallel dazu sind die Erlebnisse des Azdak im vierten Akt zu denken, während der Schlussakt beide Handlungsstränge in der Gerichtsverhandlung mit der Kreidekreisprobe zusammenführt. Was die zentrale Gestalt der Grusche betrifft, so war Brecht darauf bedacht, keine selbstlose Idealfigur, keine Heilige auf die Bühne zu bringen, sondern die Protagonistin differenzierter zu zeichnen. Grusche rettet das gefährdete Kind ihrer Herrin zunächst nicht aufgrund einer wohlüberlegten Entscheidung, vielmehr lässt sie sich vom Mitleid buchstäblich verführen, erliegt also gewissermaßen dem Drängen ihrer Gefühlsregungen. Erst mit der Zeit entwickelt sich die anfangs etwas einfältige Person zu einer Frau, die ihre Verantwortung für Michel bewusst auf sich nimmt; einen wichtigen Schritt auf diesem Weg markiert die Taufe, die Grusche im Gebirge improvisiert. Durch ihre Mühen erwirbt sie sich allmählich ein Anrecht auf den Jungen und auf die Anerkennung als seine wahre Mutter, das ihr dann schließlich auch vom Azdak bestätigt wird. Vor Gericht erweisen sich die »Bande des Blutes« (8, S. 177), die der Anwalt der Fürstin pathetisch beschwört, als bedeutungslos (zumal sich die leibliche Mutter in Wahrheit nur deshalb für ihren Sohn interessiert, weil die Verfügung über das reiche Erbe an ihn gebunden ist!). Dagegen vermag Grusche ihren Anspruch auf das Kind überzeugend zu legitimieren: »Es ist meins: ich hab's aufgezogen« (S. 172). Das Stück definiert Mütterlichkeit demnach als soziale Beziehung, als Ergebnis verantwortlichen und produktiven Handelns, nicht als natürliche Gegebenheit.

Obwohl dem Azdak im Text weniger Raum zugestanden wird als Grusche, zieht er eine vergleichbare Aufmerksamkeit auf sich. Hinter der Bauernschläue und der gelegentlichen Raffgier, die diesen merkwürdigen Richter auszeichnen, verbirgt sich ein enttäuschter Revolutionär.

Glaubt Azdak beim Sturz des Großfürsten zunächst an einen grundlegenden gesellschaftlichen Wandel in Georgien, mit dem eine »neue Zeit« (S. 154) ihren Anfang nimmt, so muss er sich alsbald belehren lassen, dass lediglich ein Austausch der Herrschenden stattgefunden hat. Die Panzerreiter, selbst Unterdrückte innerhalb der feudalen Ordnung, haben nämlich im Dienste der Fürsten die Teppichweber, die eine wirkliche Revolution anstrebten, »zu Brei geschlagen« (S. 156), und solange sich die verschiedenen benachteiligten Gruppen gegeneinander ausspielen lassen, statt Solidarität zu üben, kann keine Erneuerung der Gesellschaft gelingen. Indes gibt Azdak seine Hoffnungen nicht ohne weiteres auf, und seine unkonventionelle Praxis als Richter darf als Versuch verstanden werden, den Gedanken einer neuen, gerechteren Regelung der gesellschaftlichen Verhältnisse wenigstens in begrenztem Umfang doch noch zu verwirklichen. Besonders deutlich zeigt sich dieses Bestreben in dem Prozess vor den drei Großbauern, bei dem der Räuber Irakli seinen Auftritt hat. Allerdings vermeidet Brecht auch im Hinblick auf Azdak die Stilisierung des Protagonisten zu einer makellosen Idealgestalt. Immerhin vergisst der Richter nicht, bei der Ausübung seines Amtes auch seine eigenen materiellen Interessen gebührend zu berücksichtigen, und seine Feigheit in kritischen Situationen trägt ebenfalls dazu bei, ihn menschlich wirken zu lassen.

Die gesamte Binnenhandlung des Stückes wird in einer Art und Weise vermittelt, die ganz dem Brechtschen Modell des epischen Theaters entspricht. Das Geschehen um Grusche, Michel und Azdak präsentiert sich nämlich als ›Spiel im Spiel‹: Am Schluss des Vorspiels tritt ein Sänger in Erscheinung, der im Folgenden die Rolle eines allwissenden Erzählers übernimmt, souverän über Raum und Zeit verfügt, Gedanken und Gefühle der Figuren kennt und Kommentare zu den Vorgängen abgibt; dabei werden die wichtigsten Abschnitte der Geschichte zugleich von Schauspielern szenisch dargestellt. Durch diese Konstruktion, die den künstlichen Charakter des auf der Bühne inszenierten Spiels stets gegenwärtig hält, bewahrt Brecht den Zuschauer davor, einer fesselnden Realitätsillusion zu erliegen und sich völlig in die auftretenden Figuren einzufühlen. Freilich zog das Vorspiel vor allem in der bundesdeutschen Rezeption vielfach scharfe Kritik auf sich, da man es für strukturell überflüssig und die Verherrlichung der Sowjetunion für eine ideologische Pflichtübung hielt. Dagegen kann aber gezeigt werden, dass diese Partie des *Kaukasischen Kreidekreises* nicht nur der Hervorhebung des Spielcharakters und der Distanzierung des Publikums dient, sondern auch thematisch eng mit der Grusche-Azdak-Handlung verbunden ist. Im

Konflikt zwischen den Vertretern der beiden Kolchosen wird das Tal denen zugesprochen, die es am besten nutzen können: Statt nach Tradition und Herkunft bemisst sich das Anrecht auf das strittige Gebiet nach dem Kriterium der *Produktivität*. So ersetzt Brecht das herkömmliche Besitzdenken durch ein neues Prinzip, das vom Sänger abschließend pointiert formuliert wird: »daß da gehören soll, was da ist / Denen, die für es gut sind« (S. 185). Unter diesem Blickwinkel entspricht die Schlichtung des Streits um das Tal sehr genau dem Richterspruch des Azdak in der Binnenhandlung, dem dieselbe Maxime zugrunde liegt, und so erklärt eine der Figuren im Vorspiel zu Recht, die folgende Aufführung habe »mit unserer Frage zu tun« (S. 99).

Allerdings dürfen auch die Unterschiede zwischen der in der Gegenwart spielenden Rahmenhandlung und dem in eine ferne Vergangenheit verlegten Binnengeschehen nicht übersehen werden. Das Urteil des Azdak, das sich auf den vernünftigen Gesichtspunkt der Produktivität stützt, bildet eine Ausnahme, die in einer blutigen Epoche der Wirren und der Machtkämpfe nur durch eine Häufung von Zufällen möglich wird. Dagegen entwirft das Vorspiel einen Zustand, in dem Vernunft und Gerechtigkeit zur Normalität geworden sind, so dass der Streit zwischen den Kolchosen durch rationale Argumentation beigelegt werden kann. In der Welt des Vorspiels scheint damit umfassend verwirklicht, was sich in der Richtertätigkeit des Azdak, in dieser »kurzen, / Goldenen Zeit beinah der Gerechtigkeit« (S. 185), nur als utopische Hoffnung ankündigt.

Freilich konstruiert Brecht die Auseinandersetzung der Kolchosbauern von vornherein so, dass ein harmonischer Ausgleich ohne Schwierigkeiten möglich ist. Die Angehörigen des Kolchos »Galinsk« denken eher konservativ und berufen sich auf das Recht der Tradition, während der Kolchos »Rosa Luxemburg« für technische und ökonomische Neuerungen eintritt und die Natur in einer von Brecht offenkundig als fortschrittlich bewerteten Art und Weise vornehmlich als Produktionsmittel betrachtet; außerdem haben wohl nur seine Mitglieder im Krieg aktiv gegen die deutschen Truppen gekämpft. Unter diesen Voraussetzungen kann es nicht zweifelhaft sein, wem das Tal zufallen muss, und alle Beteiligten sind letztlich auch vernünftig genug, dies einzusehen. *Der kaukasische Kreidekreis* führt hier vor, wie sich verständige Menschen über ein lösbares Problem einigen; das Stück zeigt aber nicht, wie es vom epischen Theater doch eigentlich verlangt werden müsste, inwiefern diese Form rationaler und einvernehmlicher Konfliktbewältigung durch spezifische gesellschaftliche Verhältnisse hervorgebracht wird. Dass ein solches Verfahren in der Sowjetunion zum Alltag werden könnte, blieb eine illusorische Hoffnung des Dichters Brecht.

Literaturhinweise:

– Brecht-Handbuch in fünf Bänden. Hrsg. von Jan Knopf. Bd. 1: Stücke. Stuttgart, Weimar 2001.
– Brechts Dramen. Interpretationen. Hrsg. von Walter Hinderer. Stuttgart 1995.
– Brechts Dramen. Neue Interpretationen. Hrsg. von Walter Hinderer. Stuttgart 1984.
– Völker, Klaus: Brecht-Kommentar zum dramatischen Werk. München 1983.

5

Das lyrische Werk

Zu Recht gilt Bertolt Brecht als einer der großen Lyriker des 20. Jahrhunderts; besonders die Wirkung seiner politischen und gesellschaftskritischen Gedichte auf die nachfolgenden Autorengenerationen in der Bundesrepublik wie in der DDR ist kaum zu ermessen. Gedichte verfasste Brecht in allen Phasen seines Lebens seit seinen Jugendjahren in Augsburg, und er war außerordentlich produktiv auf diesem Gebiet: In der *Großen kommentierten Berliner und Frankfurter Ausgabe* füllt allein das lyrische Werk fünf Bände. Die vom Autor selbst zusammengestellten und publizierten Gedichtsammlungen machen nur einen Teil davon aus. Viele seiner lyrischen Arbeiten hat Brecht zu Lebzeiten nicht veröffentlicht, zahlreiche weitere sind als Songtexte Bestandteile von Theaterstücken, und sogar in seine großangelegte theoretische Schrift *Der Messingkauf*, die freilich nie abgeschlossen wurde, wollte Brecht einige lehrhafte Gedichte über zentrale Aspekte des epischen Theaters aufnehmen.

Bei aller Vielfalt von Brechts lyrischem Schaffen lassen sich doch auch einige generelle Merkmale seines Gedichtwerks benennen. Brecht grenzte sich entschieden von einer Dichtungstradition ab, die es verschmähte, die moderne Massengesellschaft, die Tagespolitik und die sozialen Konflikte zur Kenntnis zu nehmen, und statt dessen die Literatur, in erster Linie die Lyrik, als eine abgeschlossene Sphäre des Schönen und Erlesenen betrachtete, die sich nur Eingeweihten erschließen könne. Autoren wie Stefan George, Hugo von Hofmannsthal und Rainer Maria Rilke, die seit dem späten 19. Jahrhundert eine solche aristokratische, elitäre Form von Dichtung pflegten, bevorzugten hochgradig stilisierte formale und sprachliche Mittel, um schon auf diese Weise ihre Distanz zum prosaischen Alltag einer Industrienation zu markieren. Brecht schloss dagegen an Poeten wie François Villon, Heinrich Heine und Frank Wedekind an, nahm aber auch Anregungen aus den Traditionen der Volksballade und des Bänkelsangs auf. Statt einen Rückzug in weltabgewandte Innerlichkeit zu ermöglichen und ebenso kunstvoll wie selbstgenügsam mit der Sprache und den lyrischen Formen zu spielen, sollten seine Gedichte die politischen und gesellschaftlichen Probleme der Zeit zu ihrem Gegenstand machen, also nicht etwa aus der konkreten zeitgenössischen Wirklichkeit hinaus-, sondern gerade in sie hineinführen. Daher tritt der

Lyriker Brecht seinem Leser nicht als Verkünder einer esoterischen Kunstreligion entgegen, sondern als Dialogpartner, der zum kritischen Nachdenken anregen will. Gerne betonte der Autor den ›Gebrauchswert‹ seiner Lyrik, die dem Rezipienten zu einer besseren Orientierung in seiner Lebenswelt verhelfen sollte. Gefühlvolle Stimmungsgedichte, wie sie viele Poeten des 19. und auch noch des 20. Jahrhunderts oft nach klischeehaft vereinfachten romantischen Mustern produzierten, sucht man bei Brecht folglich vergebens. Seine Texte lassen sich nicht bequem konsumieren und gestatten keine ungebrochene emotionale Einfühlung, vielmehr fordern sie den Leser stets zur aktiven gedanklichen Mitarbeit heraus.

Das Konzept der *Verfremdung*, das Brecht in seiner Theorie des epischen Theaters entwickelte, eignet sich ebenso gut zur Beschreibung seines Verfahrens auf dem Gebiet der Lyrik, denn auch die Gedichte durchbrechen immer wieder mit ästhetischen Mitteln altvertraute und scheinbar selbstverständliche Überzeugungen und Denkschablonen, um sie dadurch einer kritischen Reflexion überhaupt erst zugänglich zu machen. Brechts größte Stärke als Lyriker liegt deshalb in seiner Fähigkeit, Brüche und Widersprüche zu inszenieren und den Leser zur Auseinandersetzung mit ihnen zu zwingen. Eine breiter ausgearbeitete Lyriktheorie des Autors, die sich seinem Modell des epischen Theaters gleichwertig an die Seite stellen ließe, gibt es zwar nicht, doch hat sich Brecht in einer ganzen Reihe kleinerer Aufsätze zu verschiedenen Fragen der Lyrik geäußert. Erwähnenswert ist insbesondere der 1938 verfasste Beitrag *Über reimlose Lyrik mit unregelmäßigen Rhythmen*, in dem er anstelle der ›einschläfernden‹ regelmäßigen Metren und des Reims eine formale Gestaltung favorisiert, die es dem Rezipienten erleichtert, eine kritisch-distanzierte Haltung einzunehmen; die Parallelen zur epischen Theatertheorie treten hier deutlich zutage. In der Tat sind viele Gedichte Brechts – vor allem seit der Exilzeit – in freien Rhythmen geschrieben, verzichten auf den Reim und bedienen sich einer recht prosanahen Sprache. Aufs Ganze gesehen ist die Bandbreite seiner formalen Mittel jedoch ungewöhnlich groß: Auch gereimte Liedstrophen und traditionelle, streng geregelte lyrische Formen wie das Sonett vermochte er für Verfremdungseffekte zu nutzen und damit seinen Absichten dienstbar zu machen.

Brechts erster Gedichtband, ***Bertolt Brechts Hauspostille***, erschien 1927 nach langer Vorbereitung und mancherlei Verzögerungen. Er vereinigt Texte aus den Jahren 1916 bis 1925, kann aber nur mit großen Einschränkungen als ›Summe‹ von Brecht lyrischem Jugendwerk bezeichnet werden, da zahlreiche Gedichte aus dieser Zeit nicht aufgenommen wurden. Die *Hauspostille* gliedert sich in fünf »Lektionen«, ein »Schlußkapitel« und einen »Anhang«. Ihre Gedichte sind überwiegend in einfachen gereimten Strophen und damit in einer sehr eingängigen, sangbaren Form geschrieben; viele von ihnen versah Brecht selbst mit Melodien. Der Titel der Sammlung und die Bezeichnung »Lektionen« spielen ironisch auf religiös belehrende Literatur an, womit eine erste wichtige Verfremdungsstrategie in den Blick kommt, die Brecht auch später häufig anwendete, nämlich das Zitieren von Formen und Sprachstilen aus dem kirchlichen Bereich, die mit neuartigen und nach konventionellen Vorstellungen höchst unpassenden Inhalten verbunden werden. Tatsächlich haben die Themen der *Hauspostille* mit christlichem Gedankengut nichts gemein. Eines der bekanntesten Gedichte des Bandes ist die *Legende vom toten Soldaten*, die Brecht gegen Ende des Ersten Weltkriegs schrieb. Der makabre Bericht von der Reaktivierung eines gefallenen Kriegers, auf dessen Dienste der Kaiser noch nicht verzichten will, stellt eine überaus wirkungsvolle Satire auf fanatische Kriegsbegeisterung, deutschen Nationalismus und die zynische Haltung der Politiker, der Militärs und auch der Kirchen dar. Die *Legende* trug in besonderem Maße dazu bei, Brecht bei den Rechten verhasst zu machen, und spielte noch 1935 eine wichtige Rolle, als die Nationalsozialisten dem Verfasser die deutsche Staatsbürgerschaft aberkannten.

Politische Tendenzdichtung, die sich konkret auf Geschehnisse der Zeitgeschichte bezieht, findet sich in der *Hauspostille* sonst freilich nicht. Vorherrschend ist in dem Band eine zwar grundsätzlich anti-bürgerliche, aber noch keineswegs sozialistisch gefärbte Einstellung, die sich beispielsweise in Brechts Faszination für gesellschaftliche Außenseiter niederschlägt: Soldaten, Herumtreiber, Seeräuber, Verbrecher und Mörder bevölkern viele seiner Gedichte. Oftmals thematisiert er den intensiven sinnlichen Genuss des Lebens und der vitalen Funktionen und erzählt von Männern, die sich diesem Genuss rückhaltlos und ohne Grübeln über die Folgen hingeben, so in *Vom François Villon* und im *Choral vom Manne Baal*, der im Zusammenhang mit dem *Baal*-Stück entstand. Als eine besondere Glückserfahrung wird mehrfach die Nähe zur Natur gestaltet (*Vom Klettern in Bäumen*, *Vom Schwimmen in Seen und Flüssen*), aber die Natur kann auch Züge einer bedrohlichen, überwältigenden Macht annehmen: Sowohl in der *Ballade von des Cortez Leuten* als auch im *Lied von der Eisenbahntruppe von Fort Donald* werden die Menschen, die als Eroberer oder Techniker ausgezogen sind, von der Elementargewalt der ungezähmten Natur buchstäblich verschlungen.

Überhaupt stellen Tod und Auflösung ein weiteres zentrales Thema des Gedichtbandes dar; Brecht griff damit ein Sujet auf, das in der verbreiteten bürgerlichen Stimmungslyrik weitgehend tabuisiert war. Dies gilt ebenso für den Bereich der Kriminalität, in den Gedichte wie *Von der Kindesmörderin Marie Farrar* und *Apfelböck oder Die Lilie auf dem Felde* vorstoßen. Zwar enthält die *Hauspostille* auch Gedichte, die sich zur Gattung der Liebeslyrik zählen lassen, doch selbst in diesen Fällen ist die Abweichung von traditionellen Erwartungen unübersehbar. So kann sich das lyrische Ich in *Erinnerung an die Marie A.* nicht einmal mehr auf das Gesicht der einstmals geliebten Frau besinnen. Während die Liebe sich somit als vergänglich erweist, haftet die flüchtige Erscheinung einer Wolke, die binnen weniger Minuten vom Wind zerblasen wurde, für immer im Gedächtnis. Die schroffe Abgrenzung von einer empfindsamen, vergeistigten und schwärmerisch überhöhten Liebesauffassung ist ein markantes Kennzeichen vieler einschlägiger Gedichte des jungen Brecht.

Das Gedicht *Vom armen B.B.*, ein ironisch verfremdetes Selbstporträt des Autors, schließt als drittes und letztes Stück des »Anhangs« die *Hauspostille* ab. Wenn Brecht darin die Einsamkeit und das Ausgesetztsein des Menschen in einer Welt der fortgeschrittenen Zivilisation beschreibt, mit deren unausweichlichem Untergang man sich gelassen abzufinden hat, wird der Abstand zur späteren Position des überzeugten Marxisten sichtbar. Von der Auffassung, dass die gesellschaftliche Ordnung verbesserungsbedürftig, aber eben auch grundsätzlich verbesserungsfähig sei, ist hier noch nichts zu spüren.

Eine weitere, sehr viel schmalere Gedichtsammlung mit dem Titel ***Aus dem Lesebuch für Städtebewohner*** publizierte Brecht drei Jahre später. Sie umfasst zehn lediglich mit Nummern bezeichnete Texte in reimlosen freien Rhythmen, die bereits 1926/27 entstanden waren. Das Thema der Großstadt war schon im Naturalismus und im Expressionismus von erheblicher Bedeutung gewesen und wurde auch in der Weimarer Republik im Kontext der sogenannten Neuen Sachlichkeit häufig gestaltet, weil sich daran beispielhaft die Errungenschaften wie die Probleme des modernen Lebens aufzeigen ließen. So konnte der ›Großstadtdschungel‹ mit seinen Menschenmassen, seiner Flut von sinnlichen Eindrücken, seiner Hektik und Unüberschaubarkeit ebenso angstvolle Abwehrreaktionen auslösen wie Faszination und euphorische Begeisterung wecken. Das *Lesebuch* ist allerdings insofern untypisch, als es gänzlich auf Großstadtimpressionen verzichtet und keinen Versuch unternimmt, mit ästhetischen Mitteln anschauliche Bilder des Lebens und Treibens in einer

Metropole wie Berlin zu entwerfen. Brecht interessiert sich statt dessen für die besonderen Verhaltensweisen und Überlebensstrategien des typischen Großstadtbewohners, die er dem Leser in nüchterner Diktion zur Begutachtung vorlegt. Als charakteristisch für die Existenz in der Großstadt erscheinen Anonymität und Isolation des Einzelnen sowie die Kälte der zwischenmenschlichen Beziehungen. Ein Blick auf das erste Gedicht der Reihe kann Brechts Verfahren in diesem Band verdeutlichen. Zunächst scheinen die Verse einfach darüber zu informieren, wie man sich in der großen Stadt zu verhalten habe: Persönliche Bindungen müssen rigoros gelöst und möglichst alle Merkmale, die den Menschen als unverwechselbares Individuum auszeichnen, abgelegt werden. Der Schluss vollzieht jedoch eine für Brecht typische Wende, denn die für sich stehende letzte Zeile »(Das wurde mir gesagt.)« schafft plötzlich eine Distanz zu den vorangegangenen Anweisungen, die das lyrische Ich offenbar nur als Zitat wiedergegeben hat. Der Leser soll sie demnach keineswegs unbefragt als gültige Lehre hinnehmen, sondern einer kritischen Betrachtung unterziehen.

In den zwanziger und dreißiger Jahren verfasste Brecht eine größere Anzahl von **Sonetten**, darunter viele Gedichte zum Thema Liebe. Eines davon, *Das zwölfte Sonett. (Über die Gedichte des Dante auf die Beatrice)* von 1934, ist für seinen kritisch-produktiven Umgang mit der Gattung Liebeslyrik und mit der literarischen Tradition besonders aufschlussreich. Es nimmt Bezug auf den italienischen Dichter Dante Alighieri, den berühmten Verfasser der *Göttlichen Komödie*, der im späten 13. Jahrhundert auch eine Reihe von Gedichten – meist Sonette – über eine unerwiderte Liebe zu der schwärmerisch verehrten Beatrice schrieb. Brecht entlarvt Dantes poetisches Schaffen mit fast brutaler Deutlichkeit als Ergebnis einer Sublimierung, einer vergeistigenden Umwandlung triebhafter Begierden: Das Dichten muss die Erfüllung der sexuellen Wünsche, die versagt bleibt, ersetzen. Freilich erschöpft sich das Gedicht keineswegs im Spott über die Person Dantes. Attackiert wird vielmehr generell eine Spielart der Liebesdichtung, die das bloße Schauen und Besingen, also eine gefühlsbetonte Überhöhung der Geliebten, an die Stelle des körperlichen, sinnlichen Genusses setzt. In solchen Werken erblickt Brecht den Ausdruck und zugleich die fragwürdige ästhetische Verklärung eines von der bürgerlichen Gesellschaft ausgeübten Zwangs zum Verzicht auf das Ausleben erotisch-sexueller Bedürfnisse, zur verinnerlichten Triebkontrolle. Viele seiner eigenen Gedichte über Liebe und Sex, die überwiegend erst postum publiziert wurden, zielen deshalb darauf ab, wieder ein lustvolles sinnliches Erleben zu ermöglichen oder durch pornographische Elemente und den gezielten Einsatz ›obszöner‹ Ausdrücke die Heuchelei aufzudecken, die sich hinter konventionellen Sprachregelungen und bürgerlicher Wohlanständigkeit verbirgt.

Seinen nächsten Lyrikband, ***Lieder Gedichte Chöre***, veröffentlichte Brecht Anfang 1934, also einige Jahre nach seiner Wendung zum Marxismus und kurz nach seiner Vertreibung aus Deutschland durch die neuen Machthaber. So verwundert es nicht, dass diese Sammlung ganz von den Themen Klassenkampf und Nationalsozialismus geprägt ist. Der Band enthält Appelle an Klassenbewusstsein und Klassensolidarität der Arbeiter – etwa die *Wiegenlieder* – und Lobgedichte auf die Träger des kommunistischen Widerstands im nationalsozialistischen Deutschland wie *An die Kämpfer in den Konzentrationslagern*. Die sechs *Hitler-Choräle* überführen nicht nur die faschistische Ideologie ihrer Verlogenheit und Widersprüchlichkeit, sondern verspotten durch den Rückgriff auf Formen des kirchlichen Gesangs auch den irrationalen, quasi-religiösen Kult um den ›Führer‹, den das Dritte Reich betrieb. Gleich an erster Stelle druckte Brecht in dem Band noch einmal die *Legende vom toten Soldaten* ab, um die Kontinuität zwischen dem Militarismus des wilhelminischen Kaiserreichs und der Aggressivität des NS-Regimes zu unterstreichen, die durch die kurzlebige Demokratie von Weimar nicht unterbrochen worden war. Einen eigenen Abschnitt im Rahmen der *Lieder Gedichte Chöre* bilden schließlich Gedichte, die den Theaterstücken *Die Mutter* und *Die Maßnahme* von 1930/31 entnommen sind. Sie haben, wie auch die genannten Stücke insgesamt, belehrenden Charakter und bemühen sich darum, einem proletarischen Publikum Einsichten in seine Lage in der Klassengesellschaft, in die Strategien des Klassenkampfes und in die Notwendigkeit der Organisation in der revolutionären kommunistischen Partei zu vermitteln.

Der Band *Lieder Gedichte Chöre*, zu dem eine Notenbeilage von Hanns Eisler mit Vertonungen der meisten Texte gehörte, sollte nach Brechts Plan nicht nur in den Exilländern verbreitet, sondern darüber hinaus nach Deutschland eingeschmuggelt werden und dort den Widerstand gegen das Regime stärken. Das Vorhaben zeigt, dass Brecht, wie übrigens auch viele andere emigrierte antifaschistische Schriftsteller, die Chancen, durch literarische Aufklärung und Agitation Einfluss auf die Verhältnisse im Dritten Reich zu nehmen, erheblich überschätzte; zugleich lässt es, wie der Gedichtband selbst, sein ungebrochenes Vertrauen auf die ›revolutionäre Mission‹ der Arbeiterklasse erkennen, von der er die Beseitigung der faschistischen Herrschaft und die Verwirklichung des Sozialismus erwartete – diese Zuversicht sollte sich als illusorisch erweisen.

Äußerst kritisch und ablehnend stand Brecht dagegen den westlichen kapitalistischen Staaten gegenüber, da er, ganz im Einklang mit der damals von der kommunistischen Partei vertretenen Doktrin, den Faschismus lediglich als eine extreme Zuspitzung des ausbeuterischen Kapitalismus betrachtete. Der Überzeugung, dass die kapitalistische Wirtschafts- und Gesellschaftsordnung nicht mehr lange überdauern würde, verlieh er in dem umfangreichen Gedicht *Verschollener Ruhm der Riesenstadt New York* Ausdruck, das im Anhang der *Lieder Gedichte Chöre* plaziert wurde. Entstanden war es in Reaktion auf den New Yorker Börsenkrach von 1929 und die anschließende Weltwirtschaftskrise, die in Deutschland auch den Aufstieg der Nationalsozialisten begünstigte. Brechts Interpretation dieser Krise als Anfang vom Ende des Kapitalismus war indes, wie man heute weiß, voreilig.

Im Jahre 1939, kurz vor dem Ausbruch des Zweiten Weltkriegs, erschienen die ***Svendborger Gedichte***, benannt nach Svendborg auf der dänischen Insel Fünen, wo Brecht während der ersten sechs Exiljahre seinen Wohnsitz hatte. Dieser Gedichtband übertrifft den vorangegangenen sowohl an Umfang als auch an Vielfalt der Formen und Themen und markiert unbestreitbar den Höhepunkt von Brechts lyrischem Schaffen in der Zeit der Emigration. Er gliedert sich in sechs Teile und enthält überwiegend Gedichte, die nach 1934 entstanden sind, wobei das Spektrum von offener politischer Agitation über ironisch-subversive Texte und ausladende Erzählgedichte mit historischen Stoffen bis hin zu (vermeintlich) schlichten Kinderliedern reicht. Einige inhaltliche Schwerpunkte sind mit denen der *Lieder Gedichte Chöre* identisch, waren doch auch die drängenden Probleme der Zeit im Prinzip dieselben geblieben. Das Bewusstsein der Bedrohung durch den Faschismus überschattet gewissermaßen den ganzen Band und macht sich in verhüllter Form selbst dort bemerkbar, wo es nicht ausdrücklich ausgesprochen wird.

Die Gedichte, die das NS-Regime direkt attackieren – ein großer Teil von ihnen findet sich im ersten Abschnitt des Bandes, der *Deutsche Kriegsfibel* betitelt ist –, decken effektvoll seine Lügen, seine inneren Widersprüche und seine auf den nächsten Krieg zielenden Pläne auf. Ein Beispiel dafür ist *Wenn der Anstreicher durch die Lautsprecher über den Frieden redet* (»Anstreicher« war Brechts verächtliche Bezeichnung für Hitler, der einmal Maler hatte werden wollen). Die erste Strophe, die syntaktisch an den Titel anknüpft, entlarvt die heuchlerischen Friedensbeteuerungen des ›Führers‹, indem sie sie mit den längst eingeleiteten Vorbereitungen für militärische Operationen konfrontiert: »Schauen die

Straßenarbeiter auf die Autostraßen / Und sehen / Knietiefen Beton, bestimmt für / Schwere Tanks.«

Brechts kritischer Diagnose der faschistischen Klassenordnung liegt der schlichte Gegensatz von ›Oben‹ und ›Unten‹, von Kapitalisten und Arbeitern, Ausbeutern und Ausgebeuteten zugrunde. Damit wird die komplexe Struktur einer modernen Gesellschaft gewiss in bedenklichem Maße vereinfacht, aber andererseits ermöglicht gerade dieser Kunstgriff dem Autor immer wieder überaus wirksame Zuspitzungen, etwa im folgenden Beispiel: »Die Oberen sagen: / Es geht in den Ruhm. / Die Unteren sagen: / Es geht ins Grab.« In wenigen Worten stellt dieses Gedicht zwei Lagebeurteilungen einander gegenüber, die auf unterschiedliche Standpunkte in der politischen und sozialen Hierarchie zurückzuführen sind. Und dabei ist nicht zu verkennen, dass von ›oben‹ beschönigende Lügen verbreitet werden, während die Menschen ›unten‹ die Situation mit illusionsloser Klarheit durchschauen. Der Krieg, den die Nationalsozialisten nach Brechts (zutreffender) Überzeugung längst beschlossen hatten, wird von ihm als bloße Fortsetzung der schon zuvor betriebenen Unterdrückung und Ausbeutung aufgefasst, die das Regime nun vom bisher betroffenen eigenen Volk auf andere Völker ausdehnen will. Konsequenterweise fordert Brecht die Arbeiterschaft auf, sich diesem Missbrauch zu verweigern und endlich den einzigen wahrhaft notwendigen Kampf zu beginnen, nämlich den befreienden Aufstand gegen die herrschende Klasse im eigenen Land: »Dreck euer Krieg! So macht ihn doch allein! / Wir drehen die Gewehre um / Und machen einen andern Krieg / Das wird der richtige sein«, lautet der Refrain im *Lied gegen den Krieg*. Auch andere Gedichte des Bandes proklamieren in kämpferischem Ton die Solidarität der Unterdrückten in der Auseinandersetzung mit Ausbeutung, Militarismus und Faschismus und versuchen, ein solches Zusammengehörigkeitsgefühl durch eingängige Rhetorik direkt erfahrbar zu machen. Hierher gehören beispielsweise *Keiner oder alle* und das *Einheitsfrontlied*, das in der Arbeiterbewegung große Popularität erlangte.

Die Texte, die im fünften Teil *Deutsche Satiren* versammelt sind, drücken die Kritik am Dritten Reich mit Mitteln der Ironie aus. So erweisen sich die »Verbesserungen des Regimes« im gleichnamigen ›Lobgedicht‹ als trügerischer Schein, und ähnlich steht es mit der *Notwendigkeit der Propaganda*: Der NS-Staat hat sie tatsächlich dringend nötig, weil er seinen brutalen Zynismus und die sich ständig verschlimmernden Missstände vertuschen muss. Positive Gegenbilder entwerfen Gedichte, die vom geglückten Aufbegehren unterdrückter Menschen erzählen oder historische Leitfiguren im Befreiungskampf schildern. Insbesondere Lenin wird gefeiert (unter anderem in *Die unbesiegliche Inschrift*), und der Kommunismus und die Sowjetunion erscheinen als Hoffnungsträger für die Zukunft. Brechts Parteinahme für die Sowjetunion, ausgesprochen in Gedichten wie *Schnelligkeit des sozialistischen Aufbaus* oder *Der große Oktober*, wo der Jahrestag der russischen Oktoberrevolution von 1917 thematisiert wird, mutet aus heutiger Sicht sehr fragwürdig an, zumal gerade in den späten dreißiger Jahren die berüchtigten Moskauer Prozesse stattfanden, mit denen Stalin seine diktatorische Alleinherrschaft festigte. Allerdings ist zu bedenken, dass die Sowjetunion in Brechts Augen angesichts der beängstigenden Machtentfaltung und Aggressivität des Hitler-Reiches der einzige Rettungsanker war. Sie allein schien als ideologischer und militärischer Widerpart des nationalsozialistischen Regimes in Betracht zu kommen, da Brecht seine skeptische Einschätzung der Westmächte durch deren zögerliche Haltung gegenüber Nazi-Deutschland, die sogenannte Appeasement-Politik, nur bestätigt sehen konnte.

Die Svendborger Sammlung enthält, wie erwähnt, auch Gedichte, die nicht direkt die Gefahren der aktuellen politischen Lage zum Gegenstand machen, sondern allgemeinere Themen behandeln, aber gleichwohl eng mit Brechts Kritik der Klassengesellschaft und ihrer Begleiterscheinungen verknüpft sind. Die *Fragen eines lesenden Arbeiters* beispielsweise untergraben das dominierende bürgerliche Geschichtsbild, das alle historischen Ereignisse und Errungenschaften auf das Wirken einzelner ›großer Männer‹ zurückführt: Die Einwände des nur scheinbar naiven Sprechers machen auf die entscheidende Rolle jener zahllosen kleinen Leute aufmerksam, mit deren Hilfe – und auf deren Kosten – Geschichte gemacht wurde und wird, die jedoch in den Berichten der Geschichtsschreiber normalerweise nicht auftauchen. Einen eigenen Themenschwerpunkt, der in dem Band *Lieder Gedichte Chöre* noch fehlte, bilden schließlich jene Gedichte, die die Exilerfahrung des Autors und sein Selbstverständnis als politisch engagierter, um Aufklärung bemühter Schriftsteller reflektieren. In der *Legende von der Entstehung des Buches Taoteking auf dem Weg des Laotse in die Emigration* spiegelt Brecht seine eigene Lage in der Gestalt des alten chinesischen Philosophen, der ebenfalls der wachsenden »Bosheit« in seiner Heimat weichen muss. Indes ist die *Legende* nicht nur ein Gedicht über das Exil, sondern auch eines über das Lehren, über die Vermittlung von Weisheit. Laotses Philosophieren entfernt sich nicht von der konkreten Lebenswirklichkeit, sondern bezieht sich unmittelbar auf ihre Probleme und Konflikte; seine im Text zitierte Einsicht, dass »das weiche Wasser in Bewegung / Mit der Zeit den mächtigen Stein besiegt«, deutet auf die Möglichkeit hin, durch geduldiges Wirken selbst vermeintlich unveränderliche Zustände und Machtverhältnisse zu überwinden. Nicht zuletzt entwirft das Gedicht auch ein ideales Lehrer-Schüler-Verhältnis, das Brecht keineswegs als einseitig und strikt hierarchisch versteht: Zu dem Weisen, der seine Erkenntnisse weiterzugeben bereit ist, muss ein Wissbegieriger treten, der sie ihm »abverlangt«, weil er sie brauchen kann – dem Zusammenwirken beider ist die Entstehung des Weisheitsbuches Taoteking zu verdanken.

Das letzte Gedicht der Sammlung, *An die Nachgeborenen*, dürfte zugleich das berühmteste sein. Es handelt von den »finsteren Zeiten«, in denen es entstanden ist, und beschreibt einleitend die ›verkehrte Welt‹, die sie herbeigeführt haben und deren Gesetzen sich auch das lyrische Ich nicht entziehen kann: An sich harmlose Dinge wie das Vergnügen an der Natur erweisen sich unversehens als fürchterlich, weil sie von dem allgemeinen Unheil und den Leiden vieler Menschen abzulenken drohen. Der Mittelteil thematisiert im Rückblick auf die Weimarer Zeit den ebenso gefährlichen wie langwierigen Kampf der Unterdrückten gegen die »Herrschenden« in einer auf Ausbeutung und Gewalt beruhenden Klassengesellschaft. Zukunftshoffnungen bestimmen dann den abschließenden dritten Teil, der auf eine Epoche vorausblickt, in der die gesellschaftlichen Widersprüche und Konflikte aufgehoben sein werden und »der Mensch dem Menschen ein Helfer« sein kann – eine bezeichnende Abwandlung der berühmten Feststellung von Thomas Hobbes, der Mensch sei für den Menschen ein Wolf.

Indem *An die Nachgeborenen* die Last der »finsteren Zeiten« beklagt, spricht es zugleich über den historischen Kontext der *Svendborger Gedichte*, die damit zum Abschluss eine selbstreflexive Wendung vollziehen: Der ganze Band stellt ein Werk aus »finsteren Zeiten« dar und erprobt die Möglichkeiten, die einem Dichter in dieser Situation noch bleiben. Zu Beginn des Exils mochte Brecht, wie viele deutsche Emigranten, ein baldiges Ende der NS-Herrschaft erwartet haben, aber am Vorabend des Weltkriegs gab er sich in dieser Hinsicht keiner Täuschung mehr hin. Das zeigt in prägnanter Form das Gedicht *Gedanken über die Dauer des Exils*, das in zwei Teilen die anfänglichen Illusionen und die spätere nüchterne Einsicht des Flüchtlings miteinander konfrontiert.

1940 entstand die sogenannte ***Steffinsche Sammlung***, benannt nach Margarete Steffin, die während des Exils in Skandinavien Brechts wichtigste Mitarbeiterin und zugleich seine Geliebte war und 1941 in Moskau starb. Das Ensemble besteht aus kurzen, überwiegend freirhythmischen und reimlosen Texten, die aktuellen politischen und militärischen Ereignissen bis zu Hitlers Frankreichfeldzug von 1940 gewidmet sind oder die Exilsituation zum Anlass haben (erst später, in den USA, ergänzte der Dichter die Sammlung noch um das umfangreiche erzählende Gedicht *Das Pferd des Ruuskanen* und um einige Prosagedichte unter der Überschrift *Aus den Visionen*, die in teilweise apokalyptischen Bildern die Zeitgeschichte kommentieren). Die von Brecht als »Sprachwaschung« (26, S. 416) bezeichnete Technik äußerster Verknappung, die mit einer Intensivierung der Wirkung durch frappierende und verstörende Widersprüche einhergeht, bewährt sich in der *Steffinschen Sammlung* in besonderem Maße. Das zeigt ein Blick auf das erste Stück des kleinen Zyklus *1940*: »Das Frühjahr kommt. Die linden Winde / Befreien die Schären vom Wintereis. / Die Völker des Nordens erwarten zitternd / Die Schlachtflotten des Anstreichers.« Die ersten beiden Verse lassen die große Tradition des literarischen Frühlingslobs anklingen, in der diese Jahreszeit als Sinnbild der Hoffnung, des Aufbruchs und des neuen Lebens gefeiert wird. Man könnte etwa an den berühmten Osterspaziergang aus Goethes *Faust I* denken: »Vom Eise befreit sind Strom und Bäche / Durch des Frühlings holden, belebenden Blick …«. Im folgenden Verspaar wird diese vertraute Sichtweise aber pointiert verfremdet, erscheint doch das Verschwinden des Eises nun als Voraussetzung für die militärischen Operationen des Deutschen Reiches, dessen Wehrmacht tatsächlich im April 1940 Dänemark und Norwegen überfiel. In dem Wort »zitternd« verdichtet sich die ganze Unnatürlichkeit der herrschenden »finsteren Zeiten«: Angesichts der Bedrohung durch das faschistische Regime beginnen die Menschen paradoxerweise gerade dann zu zittern, wenn der Frühling die Winterkälte vertreibt! Am Beispiel der Lage des Emigranten führt auch das fünfte Gedicht des Zyklus *1940* einen solchen zeitbedingten absurden Widerspruch vor. Der Traum von der Rückkehr in die angestammte Heimat wird dem Flüchtling zum Alptraum, weiß er doch, dass er dort sofort in tödlicher Gefahr wäre; folglich begrüßt er das Erwachen im fremden Land mit »Erleichterung«.

Einen ganz anderen Charakter tragen die ***Hollywoodelegien***, eine Gruppe von gleichfalls sehr kurzen Gedichten, die 1942 im amerikanischen Exil niedergeschrieben und teilweise von Hanns Eisler vertont wurden. Sie befassen sich mit der hochkapitalistischen Gesellschaft der USA, insbesondere mit dem dortigen Kulturbetrieb und seinen unerbittlichen Gesetzen, denen sich auch Brecht unterwerfen musste, als er versuchte, mit Filmexposés für die ›Traumfabrik‹ Hollywood seinen Lebensunterhalt zu bestreiten. »Jeden Morgen, mein Brot zu verdienen / Fahre ich zum Markt, wo Lügen gekauft werden. / Hoffnungsvoll / Reihe ich mich ein unter die Verkäufer«: Wo unter dem Druck kapitalistischer Verhältnisse die Kunst zur Ware degradiert und die Verfälschung der Wirklichkeit bezahlt wird, bleibt selbst einem Dichter, der sich sonst gerade der Aufklärung und Belehrung der Menschen verpflichtet fühlt, nichts anderes übrig, als sich der Nachfrage anzupassen, die jeweils verlangten »Lügen« zu produzieren und eben darauf zu hoffen, dass sie auf dem »Markt« Abnahme finden. Mit der Niederschrift eines Gedichts, das diese Situation ausdrücklich thematisiert, erfüllt er dann freilich doch wieder seine aufklärerische Mission.

Eine weitere Textsammlung entstand 1943/44, als das Kriegsende bereits absehbar war und sich für Brecht die Möglichkeit einer baldigen Rückkehr nach Deutschland abzeichnete. Die ***Gedichte im Exil*** ziehen gleichsam ein lyrisches Resümee der Jahre in der Emigration. Es handelt sich zu einem erheblichen Teil um Texte, die schon in den früheren Zusammenstellungen enthalten waren, doch verzichtete Brecht bei der Auswahl auf alle Gedichte, die der unmittelbaren politischen Agitation dienten, und beschränkte sich zumeist auf solche, die an persönliche Erfahrungen und Alltagsereignisse anknüpften. Zeitgeschichte wird hier somit vorrangig über das individuelle Erleben des lyrischen Ich vermittelt. Zu den neuen Arbeiten, die sich in den *Gedichten im Exil* finden, zählt *Die Maske des Bösen*, ein für das Menschenbild des Autors sehr bezeichnendes Werk. Einmal mehr bedient sich Brecht einer zunächst irritierenden Verfremdung, indem er den Sprecher auf den Anblick eines »bösen Dämons« nicht mit Schrecken, Wut oder Abneigung, sondern mit Mitgefühl reagieren lässt. Wenn es aber wirklich anstrengend und unbequem ist, »böse zu sein«, folgt daraus, dass Güte die dem Menschen angemessene, natürliche Haltung sein muss.

Während der Weltkrieg zu Ende ging, vollendete Brecht 1944/45 mit der ***Kriegsfibel*** noch einmal ein umfangreiches Lyrikprojekt. Das Buch erschien freilich erst 1955 in der DDR und sogar erst 1978 in der Bundesrepublik. Schon der Titel deutet auf seinen didaktischen Anspruch hin: Die *Kriegsfibel* ist als Lehrbuch über den Krieg gedacht und soll Einsichten in dessen wahre Ursachen eröffnen, die Brecht nach wie vor in bestimmten gesellschaftlichen Strukturen, in sozialer Ungleichheit, Unterdrückung und Ausbeutung erblickte. Um sein Anliegen wirkungsvoll vorzubringen, verwendete der Dichter eine neuartige künstlerische Form, die Text- und Bildelemente miteinander verbindet. Er wählte aus Zeitungen und Zeitschriften, die ihm im Exil zugänglich waren, aktuelle Fotos aus – teilweise mitsamt den zugehörigen erläuternden Bildunterschriften – und verfasste dazu je eine gereimte vierzeilige Strophe. In

Anknüpfung an den antiken Begriff des Epigramms, der ursprünglich eine knappe, zugespitzte Aufschrift auf einem Gegenstand oder einem Gebäude bezeichnete, nannte Brecht diese Bild-Text-Montagen »Fotoepigramme«. In manchen Fällen liefern die Fotos nur den Anlass für den lyrischen Text, etwa bei Brechts Angriffen auf die politischen und militärischen Größen des Dritten Reiches, die den Porträts der betreffenden Männer beigefügt sind. Häufig gestaltet sich das Verhältnis von Bild und Gedicht aber auch komplexer, weil die jeweiligen Vierzeiler kritisch-verfremdend auf die Fotos oder deren Unterschriften Bezug nehmen. Insgesamt umfasst der Band 69 Fotoepigramme in durchdachter Anordnung: Am Anfang und am Schluss sind zwei Bilder Hitlers plaziert, die damit eine Art Rahmen bilden; ansonsten orientiert sich die Abfolge weitgehend an der Ereignischronologie vom Bürgerkrieg in Spanien (1936–1939), in dem die spanischen Faschisten mit militärischer Unterstützung des Dritten Reiches die Macht an sich rissen, bis zum deutschen Zusammenbruch am Ende des Weltkriegs, den Brecht hauptsächlich auf die Leistungen und den Einsatz der sowjetischen Truppen zurückführt.

Viele der kommentierenden Texte versuchen deutlich zu machen, dass es im Krieg stets um die Ausbeutung der niederen Klassen durch die Herrschenden geht, nicht etwa um die angeblichen, von der Propaganda aufgeblähten und ausgeschlachteten nationalen Gegensätze. Der Fehler und die Schuld der einfachen Soldaten liegen für Brecht deshalb in ihrer Bereitschaft, sich in einen Krieg treiben zu lassen, der nicht in ihrem Interesse ist und ihnen keine Vorteile bringen kann. So zeigt das Fotoepigramm Nr. 57 einige verstreut herumliegende Helme und bietet dazu den Text: »Seht diese Hüte von Besiegten! Und / Nicht als man sie vom Kopf uns schlug zuletzt / War unsrer bittern Niederlage Stund. / Sie war, als wir sie folgsam aufgesetzt.« Gemäß Brechts Überzeugung, dass gesellschaftliche Prozesse und ihre Auswirkungen prinzipiell durchschaubar und dem vernünftigen menschlichen Eingreifen zugänglich sind, attackiert die *Kriegsfibel* außerdem die Haltung dumpfer Schicksalsergebenheit, die alle Schrecken der Zeit als vermeintlich unausweichliche Übel hinnimmt. Ein solcher Fatalismus soll durch nüchternes Denken und zielstrebiges Aufbegehren gegen Unrecht und Gewalt ersetzt werden: »Such nicht mehr, Frau: du wirst sie nicht mehr finden! / Doch auch das Schicksal, Frau, beschuldige nicht! / Die dunklen Mächte, Frau, die dich da schinden, / Sie haben Name, Anschrift und Gesicht«, schreibt das Fotoepigramm Nr. 22 zu einem Bild, auf dem eine in den Trümmern ihres zerbombten Hauses umherirrende Frau zu sehen ist.

Bei anderen Gelegenheiten spießt Brecht in verfremdender Manier einen geläufigen, aber irreführenden und verschleiernden Sprachgebrauch auf, um den Leser auch in dieser Hinsicht zur kritischen Stellungnahme anzuregen. Beispielsweise zeigt Nr. 47 ein Foto aus dem pazifischen Krieg zwischen Japan und den USA mit der Bildunterschrift: »Ein amerikanischer Soldat steht über einem sterbenden Japaner, den zu erschießen er gezwungen war.« Brecht kommentiert: »Es hatte sich ein Strand von Blut zu röten / Der ihnen nicht gehörte, dem noch dem. / Sie waren, heißt's, gezwungen, sich zu töten. / Ich glaub's, ich glaub's. Und frag nur noch: von wem?« Gegenstand der entlarvenden Verfremdung ist hier der Begriff des Zwangs. Während die Bildunterschrift ihn auf die konkrete Situation eines Soldaten bezieht, der im Gefecht seinen Gegner töten muss, wenn er nicht selber sterben will, erweitert der Vierzeiler die Perspektive, indem er nach den Hintermännern des Krieges und den tieferen Zusammenhängen fragt, die dafür verantwortlich sind, dass überhaupt Menschen sich dazu ›gezwungen‹ sehen können, einander im Dienst von Interessen, die nicht die ihren sind, umzubringen.

Das letzte Fotoepigramm der Sammlung resümiert rückblickend den ganzen Weltkrieg und spricht zugleich eine Warnung für die Zukunft aus. Es verknüpft ein Bild Hitlers mit den Versen: »Das da hätt einmal fast die Welt regiert. / Die Völker wurden seiner Herr. Jedoch / Ich wollte, daß ihr nicht schon triumphiert: / Der Schoß ist fruchtbar noch, aus dem das kroch.« In Brechts Augen war die faschistische Gefahr auch nach der Vernichtung des Dritten Reiches nicht gebannt, solange ihre eigentlichen Ursachen, Ungerechtigkeit und Ausbeutung unter den Menschen, erhalten blieben.

Während die Zeit des Exils für Brecht auf dem Gebiet der Lyrik ungemein ergiebig war, widmete er sich nach seiner Rückkehr nach Berlin hauptsächlich der lange entbehrten praktischen Theaterarbeit. Freilich versiegte die Gedichtproduktion keineswegs ganz. 1951 erschien der Band *Hundert Gedichte. 1918–1950*, eine sorgfältig arrangierte Auswahl aus Brechts lyrischem Werk. In Gedichten, die nach Kriegsende verfasst wurden, kommentierte er kritisch-satirisch die restaurativen Tendenzen in Westdeutschland und bedachte andererseits Möglichkeiten und Probleme des ›sozialistischen Aufbaus‹ im Osten; weitere Texte widmen sich Lebenshaltungen und Einstellungen, die ihm im Laufe der Jahre immer wichtiger geworden waren: dem Genuss, der Weisheit, der Freundlichkeit. Und mit den ***Buckower Elegien*** entstand in dieser Phase schließlich noch eines der bedeutendsten lyrischen Werke Brechts. In das ländliche Buckow am Schermützelsee zog sich der Dichter damals hin und wieder zur Erholung zurück. Die nach diesem Ort benannten Gedichte schrieb er im Sommer 1953 unter dem Eindruck des Arbeiteraufstands in der DDR, den die sowjetischen Besatzungstruppen am 17. Juni niedergeschlagen hatten. Brecht war angesichts dieser Vorgänge zutiefst verunsichert, und die *Elegien* dürften ihm nicht zuletzt als Medium einer neuen Selbstvergewisserung gedient haben. Nur einige von ihnen wurden zu Lebzeiten des Verfassers publiziert, andere, die teilweise unverhüllt auf das politische Geschehen anspielen, erschienen ihm zweifellos zu brisant.

Bei den *Buckower Elegien* handelt es sich durchweg um kurze, sehr stark verdichtete Texte ohne Reim und festes Metrum. Manche von ihnen nehmen unscheinbare Vorfälle des Alltags oder Lektüre-Erlebnisse zum Anlass. *Der Blumengarten* beispielsweise bringt zunächst das anschauliche Bild eines sorgsam gestalteten und gepflegten Naturbezirks – das Idyll von Buckow ist angedeutet – und skizziert sodann eine ideale menschliche Haltung, die in der Analogie zur schönen Natur ihre Vollendung fände. Harmonie und Einklang, diesmal zwischen Arbeit und kommunikativem Austausch, zwischen Handeln und Reden, beschwört auf engstem Raum auch das Gedicht *Rudern, Gespräche*: »Es ist Abend. Vorbei gleiten / Zwei Faltboote, darinnen / Zwei nackte junge Männer. Nebeneinander rudernd / Sprechen sie. Sprechend / Rudern sie nebeneinander.« Kritisch beleuchtet Brecht dagegen fatale historische Kontinuitäten, etwa die des preußischen Autoritätsdenkens (*Gewohnheiten, noch immer*) und der ausbeuterischen Klassengesellschaft (*Heißer Tag*).

Eine größere Anzahl der *Elegien* spiegelt schließlich die zwiespältige Reaktion des Autors auf den 17. Juni wider und lässt den Versuch einer ausgewogenen Diagnose der Ereignisse erkennen. Brecht führte den Aufstand in verschiedenen Stellungnahmen auf Aktivitäten des ›Klassenfeindes‹ zurück und war überzeugt, die Arbeiterschaft sei aus der Bundesrepublik aufgehetzt und von alten, in der DDR verbliebenen Faschisten unterwandert worden. In diesem Sinne verfolgt das Gedicht *Vor acht Jahren* den beunruhigenden Gedanken, dass das Dritte Reich noch nicht lange zurückliegt, viele Täter und Schuldige noch leben und die NS-Vergangenheit überall unter der scheinbar harmlosen Oberfläche des alltäglichen Lebens lauern kann: »Da war eine Zeit / Da war alles hier anders. / Die Metzgerfrau weiß es. / Der Postbote hat einen zu aufrechten Gang. / Und was war der Elektriker?« Auf der anderen Seite greift der Dichter jedoch die starre, selbstgerechte Haltung der Partei an, die sich seines Erachtens viel zu weit von jenen Menschen entfernt hat, deren Interessen sie eigentlich vertreten soll. In *Die neue Mundart* verspottet er den Jargon der an die Macht gelangten Parteiführer mit seinen Drohungen und herablassenden Belehrungen als »Kaderwelsch«, und noch drastischer fällt der Hohn in *Die Lösung* aus, wo in satirisch zugespitzter Form das normale Verhältnis zwischen »Regierung« und »Volk« umgekehrt wird, so als habe letzteres sich den Wünschen der ersteren zu fügen: Brecht empfiehlt den Herrschenden, das widerspenstige Volk doch einfach aufzulösen und ein neues zu wählen.

Aber auch seine eigene Position nimmt Brecht nicht von der Kritik aus. Er war sich seiner privilegierten Stellung in der DDR ebenso bewusst wie der Gefahr, dadurch seinerseits in eine verhängnisvolle Distanz zu der Arbeiterschaft zu geraten, auf deren Aufklärung und Emanzipation seine schriftstellerischen Bemühungen doch in erster Linie gerichtet waren. Das Gedicht *Böser Morgen* gestaltet diese Problemlage: Die Freude an der Natur, die Brecht immer als unverzichtbaren Bestandteil eines erfüllten Lebens ansah, wird dem lyrischen Ich durch einen Alptraum verdorben, der es mit seiner Entfremdung von den Leidenden und seinen geheimen Schuldgefühlen konfrontiert. Insgesamt zeigen die *Buckower Elegien*, dass Brecht auch in seinen späten Jahren weder den Willen noch die Fähigkeit zu kritischen Reflexionen verloren hatte und dass er für deren Formulierung auch weiterhin gerade die Gattung der Lyrik in vollendeter Form zu nutzen verstand.

Literaturhinweise:

- Brecht-Handbuch in fünf Bänden. Hrsg. von Jan Knopf. Bd. 2: Gedichte. Stuttgart, Weimar 2001.
- Brechts Lyrik – neue Deutungen. Hrsg. von Helmut Koopmann. Würzburg 1999.
- Gedichte von Bertolt Brecht. Interpretationen. Hrsg. von Jan Knopf. Stuttgart 1995.
- Knopf, Jan: Gelegentlich: Poesie. Ein Essay über die Lyrik Bertolt Brechts. Frankfurt a.M. 1996.

6

Erzählende Prosa

Einige Erzählwerke Brechts genießen große Popularität; das gilt zum Beispiel für die *Kalendergeschichten*, die sich seit jeher ausgezeichnet verkaufen und auch häufig in der Schule besprochen werden. Dennoch steht das umfangreiche Prosaschaffen des Autors, aufs Ganze gesehen, bis heute im Schatten seiner Stücke und seiner Gedichte. Viele der einschlägigen Texte sind wenig bekannt, und das Interesse der wissenschaftlichen Forschung blieb bislang ebenfalls vergleichsweise gering. Das liegt unter anderem daran, dass Brecht einen erheblichen Teil seiner Erzählprojekte nicht vollendet oder zumindest nicht in eine endgültige, publikationsreife Form gebracht hat. Das fragmentarische und mitunter schwer überschaubare Textmaterial wurde in diesen Fällen erst nach seinem Tod aus dem Nachlass veröffentlicht.

Erzählungen schrieb Brecht schon als Jugendlicher, und weitere entstanden in beträchtlicher Zahl in den zwanziger und dreißiger Jahren; einige davon wurden in Zeitungen und Zeitschriften abgedruckt. Es sind überwiegend recht kurze Geschichten, in deren Mittelpunkt ein ungewöhnlicher oder rätselhafter Vorfall steht. Nicht selten handelt es sich dabei um ein Verbrechen: Die Erzählungen zeigen, ähnlich wie Brechts frühe Gedichte, die 1927 in der *Hauspostille* erschienen, eine besondere Vorliebe für gesellschaftliche Außenseiter und Kriminelle (zum Beispiel *Bargan läßt es sein*) und bedienen sich bisweilen des Schemas der Detektiverzählung (etwa *Der Javameier*). Nach der Wendung des Autors zum Marxismus werden auch die Nöte der Menschen in einer unbarmherzigen kapitalistischen Gesellschaft zum Thema, beispielsweise in *Der Arbeitsplatz oder Im Schweiße Deines Angesichts sollst Du kein Brot essen* sowie in *Safety first*. Ihren Höhepunkt erreicht Brechts Erzählkunst in einigen Texten, die im Exil geschrieben wurden und nach seiner Rückkehr nach Deutschland in den *Kalendergeschichten* gesammelt erschienen (s.u.). Eher aus der materiellen Not heraus entstanden dagegen die skizzenhaften Exposés für Filmgeschichten, die Brecht während seiner Zeit in den USA für Hollywood produzierte; erfolgreich war er damit nicht.

Eine besondere Gruppe von durchweg sehr knappen Texten bilden die ***Geschichten vom Herrn Keuner***. Die ersten wurden in den späten zwanziger Jahren niedergeschrieben, aber noch bis kurz vor seinem Tod fügte der Autor immer wieder neue hinzu, so dass insgesamt mehr als hundert dieser Geschichten vorliegen, von denen Brecht allerdings zu Lebzeiten nur einen Teil veröffentlichte, und zwar in unterschiedlichen Zusammenstellungen und Kontexten. Manche *Keuner-Geschichten* erzählen eine kleine Episode mit lehrhafter Pointe, andere bestehen nur aus einem Dialog zwischen Herrn Keuner und einer Gegenfigur, wieder andere beschränken sich darauf, mit wenigen Worten eine zugespitzte These oder Einsicht zu formulieren. Zusammengehalten wird dieses Textkorpus durch die Titelgestalt Keuner (oder einfach K.). Herr Keuner ist keine plastische Persönlichkeit mit bestimmten Charaktereigenschaften und einer individuellen Lebensgeschichte, sondern eine bloße Demonstrationsfigur des Autors, das Musterbeispiel eines ›Denkenden‹, wie er Brecht vorschwebte. Keuner vermittelt keine festen Lehren, keine normativen Verhaltensvorschriften, sondern gibt in erster Linie Denkanstöße, die zur kritischen Reflexion scheinbar selbstverständlicher Vorstellungen und Haltungen anregen sollen. Zu diesem Zweck bedient er sich häufig der auch aus Brechts epischem Theater (und aus vielen seiner Gedichte) bekannten *Verfremdung*, die vermeintlich vertraute Phänomene in ein ungewohntes Licht rückt und sie auf diese Weise plötzlich fragwürdig und bedenkenswert erscheinen lässt. An zwei Beispielen soll Brechts Verfahren in diesen Geschichten verdeutlicht werden.

Unter der Überschrift *Wenn Herr K. einen Menschen liebte* heißt es: »›Was tun Sie‹, wurde Herr K. gefragt, ›wenn Sie einen Menschen lieben?‹ ›Ich mache einen Entwurf von ihm‹, sagte Herr K., ›und sorge, daß er ihm ähnlich wird.‹ ›Wer? Der Entwurf?‹ ›Nein‹, sagte Herr K., ›der Mensch.‹« (18, S. 24). Keuner distanziert sich in provozierender Weise von einer Liebesauffassung, die dem Liebenden eine kritiklose Verehrung des geliebten Menschen und eine bereitwillige Hinnahme all seiner Eigenarten und Schwächen abverlangt. Für ihn ist Liebe vielmehr ein produktives Verhältnis, das die Beteiligten nicht unverändert lässt. Der Liebende muss die noch unentdeckten Möglichkeiten und Anlagen des Geliebten erkennen und ihm dabei helfen, sie zu verwirklichen – der Geliebte soll nicht einfach bleiben, was er ist, sondern *werden*, was er im günstigsten Fall sein *könnte*.

Um Entwicklung und Veränderung geht es auch in der Geschichte *Das Wiedersehen*: »Ein Mann, der Herrn Keuner lange nicht gesehen hatte, begrüßte ihn mit den Worten: ›Sie haben sich gar nicht verändert.‹ ›Oh!‹, sagte Herr Keuner und erbleichte.« (18, S. 21). Das geläufige Kompliment, das der Bekannte gedankenlos vorbringt, wird hier als Ausdruck einer unreflektierten Fehlhaltung entlarvt. Keuners Reaktion macht nämlich deutlich, dass er die Vorstellung, über lange Zeit hinweg immer derselbe geblieben zu sein, keineswegs für schmeichelhaft erachtet. Für ihn gehört das Sich-Verändern zum Wesen des Menschen, da es die Bedingung für jede lebendige Weiterentwicklung ist. So geht es denn auch in den *Keuner-Geschichten* prinzipiell darum, ein kritisches und wirklichkeitsveränderndes Denken einzuüben. Keuners Grübeln ist niemals Selbstzweck, sondern sehr konkret auf die Lebenspraxis und ihre Probleme ausgerichtet: »Denken heißt verändern«, stellt er programmatisch fest (18, S. 31).

Um Verhaltenslehren und kritische Anregungen, die auf die gesellschaftliche Praxis bezogen sind, kreist auch das ***Buch der Wendungen***, das in vieler Hinsicht den *Keuner-Geschichten* verwandt ist. Brecht arbeitete an diesem Projekt hauptsächlich um die Mitte der dreißiger Jahre, schloss das Werk jedoch nie ab. Das nach seinem Tod publizierte Material umfasst über 300 meist sehr kurze Erzählungen, Dialoge und Sentenzen, für die offensichtlich keine feste Reihenfolge vorgesehen war. Der Titel spielt an auf das altchinesische *I-Ging*, das *Buch der Wendungen*, das dem Umfeld des Konfuzianismus entstammt; außerdem trägt eine der zentralen Figuren den Namen des chinesischen Philosophen Me-ti, der im 5. Jahrhundert v. Chr. lebte. Das chinesische Kolorit dient indes nur der recht durchsichtigen Verkleidung aktueller Fragen, und die kaum verhüllte Thematisierung von Ereignissen der jüngeren Vergangenheit und der Zeitgeschichte ist es auch, die dieses Werk von den *Keuner-Geschichten* unterscheidet. Im Mittelpunkt stehen die russische Oktoberrevolution von 1917 und der schwierige, konfliktreiche Aufbau des Sozialismus – der ›Großen Ordnung‹ – in der Sowjetunion, den Brecht in den dreißiger Jahren mit kritischer Sympathie verfolgte, zumal er die Sowjetunion als den wichtigsten Hoffnungsträger im antifaschistischen Kampf ansah. Das *Buch der Wendungen* präsentiert einzelne Vorgänge und Probleme aus diesem Zusammenhang in modellhafter Vereinfachung und lässt Me-ti Kommentare und allgemeine Belehrungen daran knüpfen. Neben ihn tritt allerdings durchaus gleichberechtigt der revolutionäre Führer Mi-en-leh (Lenin), der mit seinen Auffassungen häufig auch ohne die Vermittlung Me-tis zu Wort kommt.

Der Kerngedanke des *Buches der Wendungen* lautet: »Das Schicksal des Menschen ist der Mensch.« (18, S. 71) Auch in anderen Kontexten hat Brecht diese Grundüberzeugung mehrfach formuliert. Für ihn ist der Mensch in seinem Denken und Handeln abhängig von den gesellschaftlichen Beziehungen, in denen er lebt; diese sozialen Strukturen gilt es zu durchschauen und zu verstehen, damit man sie zum Besten der Menschen umgestalten kann. Aus solchen Einsichten leitet Brecht auch sämtliche ethischen Normen und Gebote ab: Sie orientieren sich an den Erfordernissen des Kampfes gegen Ausbeutung und Unterdrückung, nicht aber an vermeintlich zeitlosen, abstrakten Prinzipien der Sittlichkeit und der Moral. So will das *Buch der Wendungen* dem Leser eine Form des eingreifenden Denkens nahebringen, die im Text als die ›Große Methode‹ bezeichnet und von Mi-en-leh vorbildlich ausgeübt wird. Sie basiert auf dem innigen Zusammenhang von Theorie und Praxis, von philosophischen Überlegungen und gesellschaftsveränderndem Handeln, den bereits Karl Marx und Friedrich Engels proklamiert hatten. Eine berühmte Passage aus Marx' *Thesen über Feuerbach*, die seiner eigenen Auffassung genau entsprach, lässt Brecht den Me-ti fast wörtlich zitieren: »die Philosophen sollten sich nicht nur das Ziel setzen, die Welt zu erklären, sondern auch das Ziel, sie zu verändern« (18, S. 115). Folglich entwirft das *Buch der Wendungen*, wie schon seine heterogene äußere Form anzeigt, kein starres philosophisches System, sondern fordert eine flexible Anpassung des Denkens an die vielschichtige und wandelbare Realität, von der es sich gegebenenfalls auch korrigieren lassen muss.

Noch weitaus unmittelbarer und augenfälliger gestaltet sich der aktuelle Zeitbezug in Brechts ***Flüchtlingsgesprächen***, die im wesentlichen 1940 in Finnland verfasst, in den folgenden Jahren aber noch ergänzt und erweitert wurden. Auch dieses Werk erhielt nie eine endgültige Form und erschien erst nach Brechts Tod. Den Rahmen, der die einzelnen Textbestandteile zusammenhält, bilden die unregelmäßigen Treffen zweier deutscher Flüchtlinge, des Arbeiters Kalle und des bürgerlichen Intellektuellen und Naturwissenschaftlers Ziffel, im Bahnhofsrestaurant der finnischen Hauptstadt Helsinki – dieser Schauplatz, buchstäblich eine Durchgangsstation, verweist schon auf die Unsicherheit ihrer Lage und der ganzen Zeit, in der sie leben. Wiedergegeben werden die Dialoge der beiden Männer. Als erklärte Hitler-Gegner, die miteinander (und mit Brecht) auch die Erfahrung des Exils teilen, können sie sich grundsätzlich ohne Schwierigkeiten verständigen. Andererseits vertreten sie im Einzelnen recht unterschiedliche Positionen, deren Gegeneinander die Gespräche erst interessant macht und vorantreibt: Der wortkarge Proletarier Kalle repräsentiert den nüchternen Blick ›von unten‹ auf die gesellschaftlichen Verhältnisse, während der gebildete und wortgewandte Ziffel zumeist die Themen der Gesprächsrunden vorgibt und das notwendige Material bereitstellt.

Ebenso wie die Gespräche selbst folgen auch die behandelten Gegenstände locker und ungezwungen aufeinander; sie sind übrigens durchweg aus Brechts anderen Schriften aus jenen Jahren bekannt. Kalle und Ziffel erörtern die Strukturen der kapitalistischen Wirtschafts- und Gesellschaftsordnung und entlarven deren scheinhafte Verkleidung und Rechtfertigung in der bürgerlichen Demokratie; sie verstehen den Faschismus als bloße radikale Zuspitzung der kapitalistischen Ausbeutung und diskutieren den Sozialismus als die einzige denkbare Alternative. Die Politik des nationalsozialistischen Regimes nach innen wie nach außen ist ein weiteres wichtiges Thema, und nicht zuletzt wird die Exilsituation besprochen; die Exilländer, die Kalle und Ziffel kennengelernt haben, sind übrigens mit jenen identisch, die Brecht selbst 1933 nach seiner Flucht aus Deutschland durchquert hatte. Die Gespräche enden damit, dass die beiden Männer »auf den Sozialismus« anstoßen, »aber in solch einer Form, daß es hier im Lokal nicht auffällt« (18, S. 304) – die Bedrohlichkeit einer Gegenwart, die alle nur erdenklichen Vorsichtsmaßregeln erforderlich macht, und der hoffnungsvolle Ausblick auf eine bessere Zukunft werden so in prägnanter Form miteinander verbunden. Die *Flüchtlingsgespräche* waren von ihrem Verfasser nicht für die Bühne gedacht, aber ihre dialogische Struktur macht es grundsätzlich möglich, sie szenisch aufzuführen, was seit 1962 auch immer wieder geschehen ist.

Nach der Rückkehr aus dem Exil stand für Brecht die Theaterarbeit mit dem Berliner Ensemble im Vordergrund, und seine Produktivität auf dem Gebiet der Erzählprosa ließ merklich nach. Die ***Kalendergeschichten***, die ihn als Erzähler besonders bekannt machten, erschienen zwar erst 1949, versammeln aber ausschließlich Texte, die schon Jahre zuvor entstanden waren. Bereits der Titel verweist auf den didaktischen Aspekt des Werkes, denn unter Kalendergeschichten versteht man traditionell verhältnismäßig einfache, kurze, volkstümlich-belehrende Erzählungen. Brecht verleiht der Gattung freilich eine beträchtliche Komplexität und vermeidet es zudem, in plakativer Form eine ›Lehre‹ zu präsentieren. Auch in den *Kalendergeschichten* geht es ihm eher um produktive Denkanstöße als darum, den Leser durch autoritäre, handfeste Regeln und Anweisungen zu bevormunden.

Der Band setzt sich aus sehr unterschiedlichen Bestandteilen zusammen, deren Anordnung wohldurchdacht ist: Zunächst werden, immer abwechselnd, acht Erzählungen und acht Gedichte geboten – letztere stammen mit einer Ausnahme aus der Sammlung *Svendborger Gedichte* von 1939 –, dann folgen 39 kurze *Geschichten vom Herrn Keuner*, darunter die beiden oben erwähnten *Wenn Herr K. einen Menschen liebte* und

Das Wiedersehen. Diese heterogene Mischung regt den Leser dazu an, nach Verbindungen zwischen den einzelnen Texten zu suchen, und in der Tat lassen sich mancherlei thematische und motivische Verknüpfungen aufdecken, die innerhalb der *Kalendergeschichten* ein untergründiges Beziehungsgeflecht schaffen. Mehrfach begegnen beispielsweise Mutter-Kind-Beziehungen und Lehrer-Schüler-Verhältnisse. So gestaltet Brecht in *Der Augsburger Kreidekreis* den Gedanken, dass Mütterlichkeit als ideale zwischenmenschliche Beziehung auf Liebe und Fürsorge, aber nicht notwendigerweise auf biologischer Verwandtschaft beruht (dasselbe Motiv steht im Mittelpunkt seines Stückes *Der kaukasische Kreidekreis*). In den Lehrerfiguren der *Kalendergeschichten* reflektiert Brecht stets auch sein Selbstverständnis als aufklärerischer, zur Vernunft erziehender Schriftsteller. Das betrifft die Erzählung *Das Experiment* und die *Legende von der Entstehung des Buches Taoteking auf dem Weg des Laotse in die Emigration*, aber auch das Gedicht *Die Teppichweber von Kujan-Bulak ehren Lenin* – hier zeigt die besondere Art der Ehrung für den großen Lehrer Lenin, dass die Teppichweber als seine ›Schüler‹ seine Lehren verstanden haben und anzuwenden wissen.

Mehrere Texte des Bandes beleuchten kritisch das überkommene bürgerliche Geschichtsbild, das die überragenden historischen Einzelpersönlichkeiten in den Vordergrund rückt, die Taten und Leiden der kleinen Leute aber unbeachtet lässt. Während die Erzählung *Cäsar und sein Legionär* die Ohnmacht des Diktators Cäsar enthüllt und sie mit den Nöten seines Sekretärs und eines ehemaligen Soldaten konfrontiert, führt das schon erwähnte *Teppichweber*-Gedicht am Beispiel Lenins wahre historische Größe vor. In *Der Soldat von La Ciotat* wird die Rolle jener zahllosen anonymen Krieger aller Länder und Epochen bedacht, deren geduldige Folgsamkeit die Kämpfe der Großen überhaupt erst möglich macht. Die nur scheinbar naiven *Fragen eines lesenden Arbeiters* entlarven die Leerstellen und Verfälschungen der üblichen Heldengeschichtsschreibung, und in *Der verwundete Sokrates* ersetzt der Protagonist die fatale Tugend militärischer Tapferkeit durch klare Vernunft und den Mut zur Aufrichtigkeit.

Weitere *Kalendergeschichten* thematisieren Gewalt, Unterdrückung, Intoleranz und menschliches Elend, wofür Brechts Gegenwart in den dreißiger und vierziger Jahren schier unerschöpflichen Stoff bot. Die *Ballade von der Judenhure Marie Sanders* und die Gedichte *Kinderkreuzzug 1939* und *Mein Bruder war ein Flieger* beziehen sich unmittelbar auf das Dritte Reich und seine Kriege, während *Der Mantel des Ketzers* von der mörderischen Inquisition der frühen Neuzeit handelt, zugleich allerdings von der Gewissenhaftigkeit des vermeintlichen Ketzers Giordano Bruno – auch dieser gehört für Brecht zu den oft verkannten wahren ›großen Männern‹ der Historie. Auf die düsteren Bilder, die in den genannten Texten entworfen werden, folgt als letzte der umfangreicheren Geschichten die Erzählung *Die unwürdige Greisin*, mit der Brecht einen helleren Schlusspunkt setzt, geht es doch hier um die souveräne Selbstbehauptung eines Menschen, der gegen alle Zwänge und Konventionen seine persönlichen Glücksansprüche durchsetzt.

In den Jahren des Exils verfolgte Brecht auch mehrere Romanprojekte. Abgeschlossen wurde freilich nur eines davon, nämlich der *Dreigroschenroman*; zwei weitere blieben als umfangreiche Fragmente liegen, wieder andere kamen nicht über erste Überlegungen und Entwürfe hinaus. Der ***Dreigroschenroman*** entstand kurz nach Brechts Flucht aus Deutschland, erschien Ende 1934 und fand – natürlich nur außerhalb des Dritten Reiches – großen Beifall bei Kritik und Lesepublikum. Der Titel signalisiert die Anknüpfung an die *Dreigroschenoper*, den triumphalen Theatererfolg des Autors in der Weimarer Republik, und in der Tat kehren mit Peachum, seiner Frau und seiner Tochter Polly, dem Verbrecher Macheath und dem Polizeichef Brown die wichtigsten Figuren aus der Oper wieder. Sie sind allerdings tiefgreifend umgestaltet worden, und auch der Handlungsverlauf des Romans hat mit dem der *Dreigroschenoper* kaum etwas gemein. Schauplatz ist ein fiktives London, das als Prototyp einer kapitalistischen Metropole geschildert wird; das Geschehen spielt um 1900 zur Zeit der Burenkriege, die das britische Empire in Südafrika führte. Brecht konstruierte die Handlung in Anlehnung an Muster des Kriminal-, des Wirtschafts- und des Familienromans, tilgte aber rigoros alle Spuren einer Räuber- und Dirnenromantik, die in der Oper noch zu erkennen waren und deren Rezeption teilweise in eine problematische Richtung gelenkt hatten. Der Roman kennt keine psychologisch differenzierte Figurengestaltung, keine Sympathieträger und keine Protagonisten, in die sich der Leser einfühlen könnte. Sein Thema ist der gnadenlose Existenzkampf in einer kapitalistischen Gesellschaft, in der unerbittliche ökonomische Gesetzmäßigkeiten und Zwänge das Verhalten der Menschen bestimmen.

Die beiden wichtigsten Handlungsstränge sind um die männlichen Hauptfiguren Peachum und Macheath zentriert. Ersterer betreibt zwar hauptsächlich das schon aus der *Dreigroschenoper* bekannte Bettler-Unternehmen, mit dem er sowohl das Elend der Ärmsten als auch das Mitgefühl der Bessergestellten ausbeutet, beteiligt sich aber darüber hinaus an einem betrügerischen Geschäft mit der Regierung, die Schiffe für den Truppentransport benötigt; diese anfangs vielversprechende Transaktion bringt ihn jedoch aufgrund der Machenschaften des Maklers Coax an den Rand des Ruins. Parallel dazu verfolgt Macheath zielstrebig seine Karriere. Er war früher möglicherweise ein berüchtigter Serienmörder – der Roman lässt das offen –, organisiert jetzt Einbrüche und Hehlerei, baut gleichzeitig eine Ladenkette auf und steigt schließlich auch ins Bankgeschäft ein; sein durch absolute Gewissenlosigkeit bewerkstelligter Aufstieg aus dunklen Verhältnissen und seine mehrfach betonten ›Führerqualitäten‹ stellen eine deutliche Analogie zu Adolf Hitler her. Verbunden werden die beiden Stränge durch Peachums Tochter Polly, die gegen den Willen ihres Vaters Macheath heiratet. Beide Männer bekämpfen einander daraufhin zunächst, erkennen aber allmählich, dass eine Zusammenarbeit ungleich vorteilhafter wäre, und so schließt der Roman mit der harmonischen Vereinigung der Ausbeuter, die ihre fragwürdigen Geschäfte fortan gemeinschaftlich betreiben wollen.

Brecht schildert ein durch und durch korruptes Interessengeflecht, das Regierungsstellen, Unternehmer, Kleinhändler, Banken, Polizei, Justiz und kriminelle Gangs miteinander verbindet – sie alle sind verstrickt in geschäftliche Unternehmungen und Abhängigkeiten. Dabei erweist sich der Unterschied zwischen verbrecherischen und legalen Aktionen als unerheblich, abgesehen davon, dass die letzteren meist einträglicher und zudem weniger riskant sind. In jedem Fall wird der Profit durch die Ausbeutung anderer Menschen erzielt: Geradezu als Gesetz des Kapitalismus formuliert der Roman, »daß Wohlstand nur die andere Seite der Armut war. Was war der Wohlstand der einen anderes als die Armut der andern?« (16, S. 309) Die Ausgebeuteten, also die bei Peachum angestellten Bettler, die Betreiber der von Macheath organisierten Läden, die Werftarbeiter und die Soldaten, kommen bei Brecht vor allem als Kollektive in den Blick. Etwas schärfer profiliert sind lediglich die Ladeninhaberin Mary Swayer und der verkrüppelte Soldat Fewcoombey, die beispielhaft für all jene Leute stehen, auf deren Kosten die Besitzenden ihre Geschäfte machen; beide bezahlen den Profit der anderen schließlich mit dem Leben. Menschliche Gefühle oder soziales Gewissen spielen für die Protagonisten nur insoweit eine Rolle, als sie zur oberflächlichen Bemäntelung finanzieller Interessen genutzt werden können. Auch der Patriotismus der Bevölkerung in Kriegszeiten wird fleißig ausgebeutet: Für Brecht ist der Krieg in erster Linie ein Geschäft der Kapitalisten, und zwar ein besonders ergiebiges. Wirksame Gegenkräfte zu der fatalen Macht allgegenwärtiger ökonomischer Verwicklungen und Machenschaften kennt der *Dreigroschenroman* nicht; die organisierte Arbeiterschaft und die Kommunisten beispielsweise werden nur flüchtig erwähnt. So zeichnet das Buch ein gänzlich illusionsloses und pessimistisches Bild der kapitalistischen Wirtschafts- und Gesellschaftsordnung, das bis heute wenig von seiner Aktualität verloren hat.

Die ersten Exiljahre bis 1935 waren zugleich die Hauptarbeitsphase am ***Tui-Roman***, mit dem sich Brecht auch später hin und wieder beschäftigte, ohne aber eine endgültige Form für das Projekt zu finden. Noch das Stück *Turandot oder Der Kongreß der Weißwäscher* von 1953 ist thematisch mit dem Roman verbunden. Das Material zu diesem Werk besteht aus einer Fülle von Notizen, Ideen und kleineren ausgeführten Partien, die keinen durchgängigen Handlungszusammenhang aufweisen. Geplant war eine Satire auf die jüngere deutsche Geschichte vom wilhelminischen Kaiserreich über den Weltkrieg und die Weimarer Republik bis hin zum Nationalsozialismus, verfremdet durch die Verlegung in das fiktive Land Chima. Daher finden sich in den von Brecht niedergeschriebenen Textstücken zahlreiche Anspielungen auf historische Ereignisse und auf Personen der Zeitgeschichte, die leicht entschlüsselt werden können: Gogher Gogh steht beispielsweise für Goebbels oder für Hitler, der allerdings auch noch unter anderen Namen erscheint, Fank Wi Heng für Hindenburg, Ka-meh – wie schon im *Buch der Wendungen* – für Karl Marx; unter dem »Bund der Eigentumslosen« sind die Kommunisten, unter der »Partei des gleichberechtigten Volkes« die Sozialdemokraten zu verstehen usw.

Die Verwandtschaft dieses Projekts mit dem *Buch der Wendungen* ist ohne weiteres erkennbar. Das Besondere an dem Roman stellt jedoch seine satirische Stoßrichtung dar, die auf die bürgerlichen Intellektuellen in Deutschland zielt. In Chima bilden die Tuis (eine Abkürzung für »Tellekt-uell-ins«!) eine streng abgeschlossene, mit mancherlei Privilegien ausgestattete Kaste und dienen den Herrschenden als ›Kopflanger‹ – in Analogie zu den ›Handlangern‹ –, indem sie die ungerechte soziale und ökonomische Ordnung ideologisch rechtfertigen und auf diese Weise stabilisieren. Für Brecht sind die Intellektuellen demnach voll und ganz in die kapitalistische Gesellschaft eingebunden: Sie liefern jene Ideen und Gedanken, die verlangt und bezahlt werden, sind also Verkäufer auf dem Markt der Meinungen, auch wenn sie sich selbst über materielle Dinge erhaben dünken. Der idealistischen Tui-Philosophie, die davon ausgeht, dass Geist und Bewusstsein als autonome Kräfte die Realität beherrschen, setzt der Roman eine materialistische Auffassung entgegen, wonach das Denken und die Vorstellungen in hohem Maße von der gesellschaftlichen und wirtschaftlichen Lage der Menschen abhängig sind. Eine der größeren ausgearbeiteten Partien demonstriert die fatalen Illusionen der Tuis an einem konkreten Beispiel, nämlich anhand der Entstehung der Verfassung der Weimarer Republik, die hier satirisch verzerrt nachgezeichnet wird (16, S. 50–64). Der Tui Sa-u-pröh – gemeint ist der liberale Staatsrechtler Hugo Preuß, der 1919 den Verfassungsentwurf ausgearbeitet hatte – bemüht sich zwar aufrichtig um die Sicherung von Freiheit und Demokratie, scheitert aber mit diesen Anstrengungen zwangsläufig, weil er jeden Eingriff in die *ökonomischen* Strukturen des Landes unterlässt: Solange in Wirtschaft und Gesellschaft Ausbeutung, Ungleichheit und vielfältige Abhängigkeitsverhältnisse andauern, bleibt die abstrakte Zusicherung allgemeiner und gleicher politischer Rechte eine Farce.

Der Roman ***Die Geschäfte des Herrn Julius Caesar***, mit dem sich Brecht zwischen Ende 1937 und Anfang 1940 beschäftigte, bevor er die Arbeit abbrach, dürfte von seiner Anlage her das komplexeste Erzählwerk des Autors sein: Das Nebeneinander mehrerer Zeitebenen, der Wechsel der Perspektiven und die Vielzahl historischer Details und Anspielungen stellen an den Leser beträchtliche Anforderungen. Obwohl nur drei von den sechs vorgesehenen Büchern des Werkes vollendet wurden, sind die Grundzüge dieses Erzählprojekts klar zu erkennen, zumal einige Notizen Brechts Auskunft über den geplanten Fortgang der Handlung geben. Als Ich-Erzähler tritt ein (namenloser) fiktiver Historiker auf, der im alten Rom einige Jahre nach Caesars Tod eine Biographie über den Diktator schreiben möchte. Im Zuge seiner Recherchen befragt er Zeitzeugen und findet insbesondere Gelegenheit, das Tagebuch des Sklaven Rarus, der Caesars Sekretär war, einzusehen; weite Teile der ausgeführten Romanpartien geben Ausschnitte aus dieser wichtigen Quelle wieder.

Der Historiker ist in seinem Denken zunächst ganz jenem konventionellen Geschichtsbild verpflichtet, das die vermeintlich weltbewegenden Taten herausragender Einzelner in den Mittelpunkt rückt, und betrachtet Caesar als »einen der größten Männer der Weltgeschichte« (17, S. 197). Im Laufe seiner Forschungen lösen sich seine Illusionen jedoch nach und nach auf, denn es zeigt sich nur allzu deutlich, dass Caesar durchaus kein ›großes Individuum‹, keine geschichtsbeherrschende Persönlichkeit, sondern ein bloßer Spielball politischer und vor allem wirtschaftlicher Interessengruppen war. Hinter den verwickelten Vorgängen in der Endphase der römischen Republik, beispielsweise der berühmten Verschwörung des Catilina, die das umfangreiche zweite Buch behandelt, verbirgt sich nach Brechts Darstellung ein Machtkampf zwischen den adligen Grundherrn, die im Senat sitzen, und den ›bürgerlichen‹ Kaufleuten, Bankiers und

Steuerpächtern. Das Ringen dieser beiden Fraktionen spielt sich auf der politischen Bühne in Form von Wahlkämpfen, Bestechungen, inszenierten Umsturzversuchen und unzähligen Manipulationen ab. Caesar bleibt es versagt, bestimmenden Einfluss auf diese Ereignisse zu nehmen, deren Hintergründe er allenfalls teilweise oder verspätet durchschaut. Er fungiert nur als Erfüllungsgehilfe der bürgerlichen Kapitalisten; Prinzipienlosigkeit und grenzenlose Anpassungsbereitschaft sind seine Haupttugenden. Das Großkapital ist es schließlich auch, das ihn nach dem Bürgerkrieg, in dem die ökonomisch motivierten Parteikämpfe gipfeln, als Alleinherrscher einsetzt, um in Zukunft ungestört sowohl das römische Volk als auch die unterworfenen Provinzen ausbeuten zu können.

Geschichte muss nach Brechts Überzeugung also auf der Ebene der ökonomischen Strukturen, der »Geschäfte« und der Klassenkämpfe erzählt werden, denn nur unter diesem Blickwinkel erschließt sich der sinnvolle Zusammenhang aller Geschehnisse, wird das Agieren der Protagonisten wirklich verständlich. Die traditionelle ›Heldenbiographie‹ erweist sich dagegen als untauglich, weil das von ihr vorausgesetzte autonom handelnde Individuum in der Geschichte nicht existiert – die *Klassen* sind die wahren Subjekte des historischen Prozesses. Daher scheitert das historiographische Projekt des fiktiven Ich-Erzählers, und der Caesar-Roman selbst sollte nichts anderes als der Bericht von diesem Scheitern sein, der zugleich – gewissermaßen indirekt – eine alternative, angemessene Form der Geschichtsdarstellung sichtbar werden lässt. Darüber hinaus stellt Brecht aber durch gewisse Verfremdungseffekte auch Bezüge zu seiner eigenen Zeit her, etwa durch krasse Anachronismen; die römischen Kapitalisten werden beispielsweise unter dem modernen Begriff ›die City‹ zusammengefasst. Solche Durchbrechungen der geschlossenen fiktiven Welt sind keine bloße Spielerei. Sie verweisen vielmehr auf den allgemeineren Geltungsanspruch des im Roman entworfenen Geschichtsmodells, das nicht nur die Karriere Caesars, sondern ebenso den Aufstieg des deutschen Nationalsozialismus zu deuten erlaubt: Auch Hitler war in Brechts Augen in erster Linie ein Exponent des fortgeschrittenen Kapitalismus, dessen ohnehin ausbeuterischer und gewalttätiger Charakter in der faschistischen Diktatur nur offen zutage trat. So stellt das Werk *Die Geschäfte des Herrn Julius Caesar* zum ersten einen Roman über Caesar dar, sozusagen eine Anti-Biographie, zum zweiten einen Roman über die ideologischen Verfälschungen und Verkürzungen der bürgerlichen Geschichtsschreibung und zum dritten einen Roman, der enthüllt, »wie Diktaturen errichtet und Imperien gegründet werden« (17, S. 198) – nicht nur in der Antike.

Literaturhinweise:

- Brecht-Handbuch in fünf Bänden. Hrsg. von Jan Knopf. Bd. 3: Prosa, Filme, Drehbücher. Stuttgart, Weimar 2002.
- Jeske, Wolfgang: Bertolt Brechts Poetik des Romans. Frankfurt a.M. 1984.
- Müller, Klaus-Detlef: Brecht-Kommentar zur erzählenden Prosa. München 1980.

Serviceteil

Zeittafel zu Leben und Werk

1898	10. Februar: Eugen Berthold Friedrich Brecht wird in Augsburg geboren.
1900	Geburt des Bruders Walter.
1904–1908	Besuch der Volksschule.
1908–1917	Besuch des Königlich Bayerischen Realgymnasiums.
1913	Abdruck erster literarischer Texte in der Schülerzeitung *Die Ernte*.
1914	Patriotische Gedichte in verschiedenen Zeitungen.
1917	Notabitur; Immatrikulation an der Philosophischen Fakultät der Münchener Universität.
1918	Erste Fassung des *Baal*-Dramas.
1919	*Trommeln in der Nacht*.
1920	Erster Aufenthalt in Berlin; Tod der Mutter.
1922	*Trommeln in der Nacht* wird in München und Berlin als erstes Stück Brechts aufgeführt; *Im Dickicht* abgeschlossen. Verleihung des Kleist-Preises. Hochzeit mit Marianne Zoff.
1924	*Leben Eduards des Zweiten von England* (mit Lion Feuchtwanger). Italienreise mit Marianne Zoff; endgültige Übersiedlung nach Berlin.
1925	*Mann ist Mann* abgeschlossen.
1926	Beginn des Studiums marxistischer Literatur.
1927	*Bertolt Brechts Hauspostille* erscheint. Scheidung von Marianne Zoff.
1928	*Die Dreigroschenoper*.
1929	*Aufstieg und Fall der Stadt Mahagonny* beendet; *Der Flug der Lindberghs* (Hörspiel); *Lehrstück*. Hochzeit mit Helene Weigel.
1930	*Aus dem Lesebuch für Städtebewohner*; *Der Jasager*; erste Fassung von *Die Maßnahme*.
1931	*Der Neinsager*; *Die Ausnahme und die Regel*; *Die Mutter*; *Die heilige Johanna der Schlachthöfe* abgeschlossen; Mitarbeit an dem Film *Kuhle Wampe*.
1932	Erste Fassung von *Die Rundköpfe und die Spitzköpfe*. Beginn der Beziehung zu Margarete Steffin.

1933	Nach der Machtübernahme der Nationalsozialisten (30. Januar) und dem Reichstagsbrand (27. Februar) verlässt Brecht Deutschland (28. Februar) und reist über Prag, Wien, die Schweiz und Paris nach Dänemark, wo er in der Nähe von Svendborg auf der Insel Fünen ein Haus erwirbt. Bekanntschaft mit Ruth Berlau.
1934	*Lieder Gedichte Chöre*; *Dreigroschenroman*. Reise nach London.
1935	*Die Horatier und die Kuriatier*. Reisen nach Moskau, Paris (»Kongress zur Verteidigung der Kultur«) und New York (Inszenierung von *Die Mutter* durch die »Theatre Union«). Entzug der deutschen Staatsbürgerschaft durch die Nationalsozialisten.
1936	Aufenthalt in London. Brecht wird Mitglied der Redaktion der Exilzeitschrift *Das Wort*.
1937	*Die Gewehre der Frau Carrar*. Reisen nach Paris und Südfrankreich.
1938	*Furcht und Elend des III. Reiches* beendet; erste Fassung des Galilei-Dramas (*Leben des Galilei*); Arbeit an dem Romanprojekt *Die Geschäfte des Herrn Julius Caesar*.
1939	Beginn der Arbeit an der theoretischen Schrift *Der Messingkauf*. 23. April: Umsiedlung von Dänemark nach Schweden. Die *Svendborger Gedichte* erscheinen; Beginn der Arbeit an *Der gute Mensch von Sezuan*; *Mutter Courage und ihre Kinder*; *Das Verhör des Lukullus* (Hörspiel). In Deutschland stirbt Brechts Vater. 1. September: Ausbruch des Zweiten Weltkriegs.
1940	Im April Flucht nach Finnland. *Herr Puntila und sein Knecht Matti*; Arbeit an den *Flüchtlingsgesprächen*.
1941	*Der gute Mensch von Sezuan* fertiggestellt; *Der Aufstieg des Arturo Ui*. 13. Mai: Abreise aus Finnland; Fahrt über Moskau und Wladiwostok in die USA; 21. Juli: Ankunft in Los Angeles; Brecht lässt sich in Santa Monica an der Westküste nieder.
1942	*Hollywoodelegien*; Mitarbeit am Drehbuch zu dem Film *Hangmen Also Die*.
1943	*Die Gesichte der Simone Machard* abgeschlossen; *Schweyk*. Erste Reise nach New York seit 1935 (weitere folgen in den nächsten Jahren).

1944 *Der kaukasische Kreidekreis*; Beginn der gemeinsamen Arbeit mit Charles Laughton an der amerikanischen Fassung des Galilei-Stücks (*Galileo*).

1947 Uraufführung von *Galileo* mit Laughton in der Titelrolle. 30. Oktober: Verhör vor dem Untersuchungsausschuss für ›unamerikanische Aktivitäten‹ in Washington; am Tag darauf fliegt Brecht nach Paris; Weiterreise nach Zürich.

1948 Inszenierung der *Antigone des Sophokles* in Chur; *Kleines Organon für das Theater*. Im Oktober erste Reise nach Berlin seit der Rückkehr aus den USA.

1949 Der Band *Kalendergeschichten* erscheint; *Die Tage der Commune*. Im Mai Übersiedlung nach Berlin. 12. November: Eröffnung des Berliner Ensembles mit *Herr Puntila und sein Knecht Matti*.

1950 Mitglied der Deutschen Akademie der Künste in (Ost-)Berlin. Brecht erhält die österreichische Staatsbürgerschaft.

1951 Debatten um die Oper *Das Verhör des Lukullus* von Brecht und Paul Dessau; *Offener Brief an die deutschen Künstler und Schriftsteller*. Brecht erhält den Nationalpreis I. Klasse der DDR.

1953 17. Juni: Arbeiteraufstand in der DDR. *Buckower Elegien*; *Turandot oder Der Kongreß der Weißwäscher*.

1954 Das Berliner Ensemble erhält mit dem Theater am Schiffbauerdamm eine eigene Spielstätte. Erstes Gastspiel des Ensembles in Paris.

1955 Die *Kriegsfibel* erscheint in der DDR. Verleihung des Stalin-Preises an Brecht in Moskau. Zweites Gastspiel des Berliner Ensembles in Paris.

1956 Im Februar Besuch der *Dreigroschenoper*-Inszenierung von Giorgio Strehler in Mailand. *Offener Brief an den Deutschen Bundestag* gegen die Einführung der Wehrpflicht in der BRD. Seit dem Frühjahr zunehmende gesundheitliche Probleme. 14. August: Brecht stirbt in Ost-Berlin; drei Tage später Beisetzung auf dem Dorotheenstädtischen Friedhof.

Werkregister

Stücke

Lyrik

Erzählende Prosa

Sonstiges

Personenregister